비즈니스를 좌우하는

진심의 기술

소비자의 마음을 꿰뚫어보는 탁월한 마케팅 기법

비즈니스를 좌우하는 진심의 기술

초판 1쇄 인쇄 2020년 11월 23일
초판 1쇄 발행 2020년 11월 26일

지은이 김정희

발행인 백유미 조영석
발행처 (주)라온아시아
주소 서울특별시 서초구 효령로 34길 4, 프린스효령빌딩 5F

등록 2016년 7월 5일 제 2016-000141호
전화 070-7600-8230 **팩스** 070-4754-2473

값 14,500원
ISBN 979-11-90820-96-7 (03320)

※ 라온북은 (주)라온아시아의 퍼스널 브랜드입니다.

비즈니스를 좌우하는

진심의 기술

소비자의 마음을 꿰뚫어보는 탁월한 마케팅 기법

김정희 지음

RAON BOOK

프롤로그

나는 왜
진심의 힘을 믿는가?

2020년 코로나19가 휩쓸고 간 나의 일터에는 특별한 해결책도, 특별한 비전도 없어 보였다. 정부나 지자체, 기업 등에서 사람들이 모이는 모든 행사를 취소하고 있는 상황에서 이벤트를 업으로 삼고 있는 나에게 생존할 수 있는 길은 쉽사리 보이지 않았다.

2020년 1월부터 시작된 입찰 경쟁에서 어렵게 수주했던 관공서와 기업의 프로젝트들이 코로나19 때문에 연기되고, 축소되고, 취소되는 과정을 반복했다. 상반기에는 '이러다 말겠지' 하는 기대 심리가 있어서 그나마 하반기 매출을 기약하는 긍정의 힘이 있었다. 하지만 하반기를 넘어서도 코로나19는 제대로 잡히지 않고 사회적 거리두기는 지속 중이다. 이런 패턴으로는 이업이 유지되고 성장할 수 없음을 직감하게 되었다. 특히 나의 업은 사람과 사람이 대면하는 최일선의 일들이었기 때문에 더더욱 그러했다.

나는 이벤트 기획자이자 제작자이자 연출자다. 지난 20여 년간 정부와 지자체, 기업, 단체들이 필요로 하는 문화 행사, 홍보, 캠페인 등을 기획하고 제작하고 연출해온 문화 콘텐츠 기반의 비즈니스를 하는 여성 CEO다. 아마도 나는 우리 업계에 현존하는 최고의 현장맨이자 실무형 CEO일 것이다. 20대 후반에 스포츠, 레저 이벤트로 이 업에 입문해 2002 한일월드컵을 기점으로 폭발했던 문화 행사의 수요로 제작과 연출의 현장에서 지금까지 당당하게 살아남은 비지니즈맨인 셈이다.

지난 20년 동안 한 번도 경험해본 적 없는 일들이 내게도, 우리 조직에도 성큼 다가왔다. 코로나19로 인한 행사 취소는 물론이거니와 어찌 됐든 사람들을 만나야 하기에 온라인으로 대전환이 이루어지면서 업계의 행보도 발 빠르게 움직이고 있다. 업계의 원로들과 오피니언 리더들의 대책회의는 물론이거니와 코로나 이후의 우리 산업은 어떻게 변할 것이며, 살아남기 위해 우리가 갖추어야 할 지식과 기술과 자본은 무엇인지에 대한 고찰이 계속되고 있다.

4차 산업혁명, 디지털 혁명으로 인해 마케팅의 방향과 방법이 변화되고 있을 즈음에, 코로나19는 그 속도를 더 올렸다. 우리가 우선순위를 두거나 우위에 두었던 삶의 방향성과 가치들이 빠르게 재편되었을 뿐만 아니라 그에 따라 제품을 소비하는 방식도 변화하면서 소비자에게 다가가는 모든 방식이 대혁명을 일으키고 있다.

지금까지의 성공 방정식으로 자리 잡고 있었던 학연, 지연, 혈연 등은 이제 역사의 뒤안길로 사라지고 있다. 어제의 일자리가 오늘도 안녕하리라는 보장이 없고, 오늘의 성공이 내일까지 유지되리라는 보장도 없는 시간을 지나고 있다.

코로나19 이후에 삶의 근본 축이 많이 변화될 것이라는 예측들은 난무하지만, 우리가 어떤 방향으로 어떻게 살아나가야 하는지에 대한 속 시원한 해답은 없다. 그러한 시대를 지나고 있음에도 불구하고 실질적인 불황 타파를 위한 해결점을 제공하기보다는 하는 일에 진정성 있게 최선을 다하라는 메시지가 과연 먹힐지 의문이다. 세상 속 편한 소리처럼 들릴 수 있기 때문이다.

그러나 그럴수록 우리 안에 내재된 진정성을 포기해서는 안 된다. 나와 너, 우리와의 관계 속에서 진심을 더욱 견고하게 강화하고 연대해야만 이 난관들을 뚫고 나갈 수 있다.

이 책은 30대 초반 얼떨결에 이벤트 회사에 입문해서 현재 대한민국 이벤트계의 여성 CEO로 우뚝 서게 된 나의 경영 스토리를 담고 있다. 나의 이야기는 이 시대의 큰 기류가 되어버린 워라밸이라는 시대적 요구, 90년대생으로 대표되는 밀레니얼 세대들과의 호흡, 코로나19라는 전시 상황을 지나고 있는 현시점에서 묵묵히 자신의 스타일대로 사업을 하는 소상공인 사장님들을 위한 책이다. 또한 이벤트 업계에 몸담으면서 문화 콘텐츠 비즈니스를 하는 선배와 동료, 후배들을 위한 책이다.

이 책은 크게 4개의 장으로 구성되어 있다. 1장에서는 진심 비즈니스가 무엇인가에 대하여 함께 고민하고 생각해본다. 이 시대에 진심 비즈니스가 왜 필요한지, 어떤 형태를 진심 비즈니스라고 정의할 수 있는지 알아본다.

2장에서는 본질에 다가가 상대가 나에게 반하게 만드는 전략을 소개한다. 나의 비즈니스 인생에서 결코 잊을 수 없는, 진심과 맞닿은 성과나 실수들을 나누면서 함께 생각해보았으면 한다.

3장에서는 상대의 인사이트를 파악해서 마음을 움직이게 만들었던 사례들을 소개하고자 한다. 나의 비즈니스 사례뿐만 아니라 내가 눈여겨보았던 사례도 소개했다. 이 사례들을 통하여 일의 성과를 내는 방법을 다룰 것이다. 특히 자신의 영역에서 필수적으로 가져야 할 전문성과 인간성의 균형에 대한 부분을 함께 생각해본다.

4장에는 조직 내에서 관계를 살리는 방법, 리더십을 키우고 성장시키는 방법 그리고 마지막으로 삶의 자존감을 높여줄 수 있는 진심의 현장을 속속들이 담았다. 경쟁이 당연한 비즈니스 현장에서 함께 성장하는 그 신비한 관계와 성장의 요소를 소개했다. 아울러 워커홀릭이었던 내가 20년이라는 젊음을 쏟고 난 뒤에 깨닫게 된 인생의 워라밸에 대하여 그 필요성과 방법론을 가볍게 나눴다.

치열한 비즈니스 현장에서 항상 성공의 자리에만 있었던 것은 아니다. 솔직히 사업 20년쯤 했으면 빌딩도 있고, 차도 대형으로 타고 다니고, 골프 회원권도 있어야 일반적인 CEO의 모습이라고 할 수 있을 것이다. 그러나 여전히 나는 지금도 매달 직원들 월급 걱정을 해야 하고, 대출이자를 계산해야 하고, 깜빡 시기를 놓친 공과금 연체료를 물기도 하는 그런 사람이다.

그러나 나는 지금 너무 행복하고 감사하다. 지금 내 주변에는 내가 그토록 원했던 나의 진심을 있는 그대로 받아주고 응원해주고 함께 해주는 사람들이 있기 때문이다.

지금까지 나를 성장시키고 지켜나가고 있는 가치가 있다면 그것은 항상 모든 것에 '진심'을 담았다는 것이다. 진심은 우리를 강하고 아름답게 연대하게 한다는 것을 믿는다. 진심은 우리 모두를 위로해줄 것이며, 진심을 통해 나의 삶이 정말 가치 있는 것이었음을 발견하고 서로를 응원하게 될 것이다.

자신의 분야에서 최선을 다하고 있는 대한민국의 중소기업, 소상공인 사장님들과 이벤트라는 분야를 자신의 본업으로 삼고 있는 이벤티스트, 문화 콘텐츠 비즈니스맨들에게 이 책이 도움이 되길 바란다.

나의 아름다운 젊음과 열정, 총명함과 담대함을 담고 있는 이 서툴고 작은 이야기들을 통해 재미와 용기와 위안이 되살아나는 계기가 되기를 기원한다.

김정희

차 례

2장 반하게 만들다_ 본질에 다가가기

3장 움직이게 만들다_ 인사이트 파악하기

4장 함께 성장하다_ 진심이 만들어주는 관계

1장

광고보다 진심?

_ 진정성 마케팅

진심에는 직급이 따로 없다

나는 이벤트를 기획하고 연출하는 총괄책임자이지만, 실제 행사 현장에서는 조금 자유로운 편이다. 중요한 의전을 해야 할 때를 제외하고는 크게 할 일이 없다. 무대와 연계되어 있는 영상, 음향, 조명, 카메라 등 각종 시스템들과 출연진들은 전문 연출진들이 맡고, 행사 운영 역시 담당자가 잘 진행하기 때문이다. 프로젝트가 진행되기 몇 달 전부터 수차례 회의를 거치며 시뮬레이션을 했고 적재적소에 전문가를 투입했기에 가능한 일이다.

대신 언제 닥칠지 모르는 응급상황에 대비해 움직이기 편한 캐주얼한 복장으로 여기저기를 둘러본다. 행사 직전에는 모두 날이 곤두서 있기에 사소하지만 중요한 것들을 놓칠 때가 있다.

리허설 도중 무대에 물을 엎질렀는데도 모른다거나, 주요 내빈들의 동선에 전에 없던 장애물들이 생긴다거나 하는 일은 작은 것처럼 보이지만 행사의 질과 만족도에 직접적으로 영향을 미친다.

쓰레기 줍는 CEO

행사의 꽃은 연출이라고들 한다. 그래서 행사를 마치면 연출자가 누구였느냐가 최고의 관심사로 떠오른다. 연출가의 역량에 따라 같은 것도 다르게 보이니 당연한 일이다. 하지만 기획이 없었다면? 가끔은 모든 것의 출발점인 기획의 중요성이 무대 위에 펼쳐진 화려함에 가려진 듯한 느낌이 들어 씁쓸하기도 하다.

제주국제도시헬스케어단지 착공식이 유난히 그랬다. 중국 클라이언트들과 몇 달간의 소통을 통해 행사를 기획하고, 예산을 확보하고, 프로그램과 디자인을 구체화하는 기획은 내가 다 했는데, 현장에서의 찬사는 외부 프리랜서 연출 담당자에게 돌아가는 것 같아서 마음이 조금 불편하던 차였다.

"어떻게 이런 연출이 가능한가요."

"머리에는 떠오르는데 말로 설명하지 못했던 그 지점까지 보여줬습니다."

그렇게 내빈들과 거듭 악수를 하던 연출가를 멍하니 바라보던 나를 누군가 툭툭 쳤다. 본 프로젝트를 총괄한 현지 소장이었다.

"대표님, 중국 측 담당자가 잠깐 보고 싶어 하는데요."

무슨 일로 나를 보자는 것인지 생각할 틈도 없었다. 그를 만나기 위해 뒤돌아서자마자 저 멀리서 나와 눈이 마주친 중국 인사의 표정이 정말 해맑았다. 통역이 건넨 말도 예상외로 간단했다.

"나는 당신을 보았습니다."

사연은 이랬다. 행사가 시작되기 전 누군가 검은 비닐봉지를 들고 바닥에 떨어진 쓰레기를 주우러 다니더라는 것이다. 말끔하게 차려입었지만 딱 보기에도 운영요원은 아니고, 게다가 구두가 아닌 운동화를 신고 이곳저곳을 돌아다니는 모습이 너무나 인상적이었다는 것이다. 그는 현지 법인장을 찾아 내 정체를 물어보았다. 법인장은 나와 몇 번의 행사를 치러본 경험이 있기에 내용만 듣고도 단박에 나임을 알아차렸다.

"이 행사를 진행하는 대행사의 대표입니다."

그렇게 쓰레기를 줍던 사람이 대행사 대표인 것을 안 중국 인사는 내게 무조건 인사를 해야겠다며 온 것이었다. 그는 내게 많은 칭찬을 건넸다.

"대표부터 스스로 보이지 않는 곳에서 행사장을 관리하며 초대한 손님들을 맞으려 노력하는데, 다른 직원들은 말할 것도 없습니다. 모두 잘할 것이라 생각합니다."

나는 그들이 나를 보고 있는지도 몰랐다. 계속 바람이 불어서

VIP를 모셔야 할 텐트에 낙엽이 흩어져 있는 것이 신경 쓰였을 뿐이다.

급히 운영요원을 불러 치우라고 할 수도 있었다. 굳이 운동화를 갖춰 신고 사방팔방 돌아다니지 않아도 됐다. 하지만 나는 이 행사를 기획할 뿐만 아니라 처음부터 끝까지 운영할 책임이 있었다. 내 방 청소는 내가 하듯 내 행사는 내가 하는 것이다. 그래서 쓰레기를 줍거나 장내를 정리하는 일이 생색내기라든가 눈에 띌 만한 일이라고 생각하지 않았다.

중국 인사와 대화를 나눈 뒤 좀 전에 잠시 가졌던 불편함과 서운함이 말끔히 사라졌다. 맞다! 나는 나의 행사를 사랑하고 나의 고객들이 이 행사를 통해서 행복해지기를 바란다. 그렇기에 행사장에서 내가 어떤 모습이어도 나는 그것으로 족하다. 이후 그 회사에서 하는 제주의 모든 프로젝트는 우리 회사가 진행하게 되었다. 클라이언트들도 행복해졌고 나도 행복해졌다.

접시를 든 CEO

인천 송도에서 포스코건설 사옥 준공식이 열렸다. 모든 공식 행사를 마치고 1층 로비에서 간단한 연회를 가졌다. 꽃 장식과 축하 케이크, 음료와 다과, 클래식 연주 등 공식 행사보다는 부드럽고 자유로운 분위기였다.

연회장에는 많은 분들이 삼삼오오 모여 담소를 나누고 있었다. 그런데 그들의 모습을 보다 보니 한 가지 허전한 게 있었다. 준비된 케이터링을 즐기는 사람이 많지 않았던 것이다.

'이 맛있는 걸 왜 안 드시지? 배가 부르신가?'

계속 관찰하다 보니 젊은 사람들과 여성들은 손에 접시를 하나씩 들고 있는 것이 보였다. 그런데 중년 남성들, 더구나 비서와 동행하는 일이 잦은 임직원들만 빈손이었다. 그때부터 나는 접시에 간단한 음식들을 담아 빈손으로 대화를 나누던 사람들에게 건네주기 시작했다. 몇 개의 접시에 음식을 담고 또 건넸을까? 당시 연회장에 있던 한 국회의원이 내게 말을 걸었다.

"선생님은 어디서 오신 분이세요?"

"저는 오늘 준공식 행사를 총괄하는 대행사 대표입니다. 많은 분들이 모여 계시는데 음식을 드시는 분들이 없어서 이렇게 나눠드리고 있습니다. 혹시 불편하셨나요?"

"아닙니다. 너무 정성껏 도움을 받는 것 같아서요. 대행사 대표셨군요."

"도우미 분들이 계시지만 음식 서빙을 하러 오신 분들이 아니라서 제가 계속해드려도 될까요?"

"참 흔치 않은 일이네요. 해주신다면 저야 감사하지요."

이렇게 이어진 인사와 접시는 흐르던 클래식 선율만큼이나 사람들 사이를 부드럽게 만들었다.

훈훈하다는 것은

'훈훈하다'는 온도를 나타낼 때 쓰는 단어다. 찬 기운을 잔뜩 머금고 집 현관문을 열었을 때 느껴지는 그 온기, 집이 주는 안정감과 아주 덥지도 춥지도 않은 딱 좋은 그 상태 말이다. 그런데 생각해보면 훈훈함을 유지하는 것은 쉽지 않다. 잘생긴 사람은 많아도 훈남은 찾기 어려운 것처럼 말이다.

행사 현장에서 대행사의 대표가 검은 봉지를 들고 쓰레기를 줍거나, 접시에 음식을 담아서 참석해주신 분들에게 음식을 대접해드리는 일 모두 진심을 담지 않고는 할 수 없는 일이다. 할 수 있는 일이라 하더라도 과연 즐겁고 신나게 할 수 있을지는 미지수다.

나는 늘 생각한다. 우리가 하는 일은 사람을 훈훈하게, 세상을 훈훈하게 하는 일이라고. 행사 현장에 오신 분들의 편의를 위해, 행사 현장의 쾌적함을 위해 내가 할 수 있는 일이 있다면 쓰레기뿐만 아니라 그 무엇이라도 주저 없이 할 것이다. 결국 이벤트는 사람과 세상을 훈훈하게 하는 것이기 때문이다. 그것이 바로 내가 스스로에게 그리고 내가 지금 하고 있는 일들에 갖춰야 할 진정성이다.

진심 비즈니스의 4가지 관점

진심이란 거짓이 없고 참된 마음을 말한다. 진심의 주체가 나일 때는 나의 마음이 거짓이 없고 참된 것이며, 진심의 주체가 상대일 때는 상대의 마음이 그렇다고 볼 수 있다. 이를 비즈니스 현장에 대입해본다면 거짓이 없고 참된 마음으로 하는 모든 비즈니스가 진심 비즈니스일 것이다.

그렇다면 마음만 거짓이 없으면 무조건 진심 비즈니스가 되는 것인가? 진심 비즈니스란 도대체 무엇인가?

진심 비즈니스는 자기다움이다

영화 〈기생충〉의 봉준호 감독이 2020 아카데미 시상식 수상 소감에서 자신이 학교를 다니며 영화를 배울 때 항상 가슴속에 새긴 말이 있다고 했다. 그것은 바로 영화계의 거장 마틴 스코세이지(Martin Scorsese) 감독의 말로 "가장 개인적인 것이 가장 창의적인 것이다"라는 내용이다.

그가 마틴 스코세이지 감독에게 영화가 왜 개인적이어야 하는지에 대하여 물었을 때, 개인차가 있겠지만 영화를 바라보는 관점이 명확하고 개인적일수록 더욱 창의적이라고 말했다고 한다. 그 의미는 자기 내면의 깊숙한 곳으로 들어가 누구도 알지 못하는 나를 만났을 때, 아무도 생각하지 못한 가장 창의적인 것을 만날 수 있다는 것으로 해석된다.

결국 가장 개인적인 것은 자신이 원하는 것, 자신이 말하고 싶은 메시지, 자신이 가장 영향력을 미치고 싶은 것 등을 점진적으로 알아가고 깨달아가면서 완성되는 진심의 결과물들이다. 그렇기 때문에 가장 개인적인 것이 가장 창의적인 것이라고 말하지 않았을까.

그렇다면 가장 개인적인 것이란 무엇일까? 나는 자기다움이라고 생각한다. 그렇다면 자기다움이란 무엇일까? 누구와도 비교되지 않는 나의 존재감이다. 그 존재감으로 얻어지는 충만함이 자기다움이다. 결국 자기다운 것이 가장 창의적인 것이다.

나는 진심 비즈니스를 '자기다움'이라고 정의 내리고 싶다. 나만의 독특한 고유성을 가진 자기다움으로 생각하고 표현하고 행동하며 나아가는 것이다. 자기다움을 바탕으로 사람과의 관계와 윤리와 가치를 창출해나가는 것이 이 시대에 필요한 진심 비즈니스다.

진심 비즈니스는 관계 맺기다

《밀레니얼의 반격》의 전정환 저자는 자신을 다양한 영역의 경계인으로 정의한다. 경계인의 사전적 의미는 '주변인과 같은 뜻으로 소속집단을 옮겼을 때 원래 집단의 습관과 가치를 버리지 못하고 또한 새로운 집단에도 충분히 적응하지 못하는 사람'을 일컫는다. 약간은 소극적이면서도 부정적인 의미로도 해석된다.

서울에서 태어나 현재는 제주에 살고 있기에 그는 도심과 지역의 경계인이다. 그는 서울대학교 계산통계학과를 나와서 장영실상을 수상한 경력의 개발자이면서, 동시에 한국예술종합학교 예술경영 석사를 마친 기술과 문화 사이의 경계인이다. 아울러 그는 산업화·민주화 세대와 밀레니얼 세대 사이의 경계인인 X세대다. 그는 이렇게 다양한 영역에서 경계인이지만, 시대의 전환기에 다리를 놓는 소명을 느끼고 있다고 자신을 소개한다.

그리고 그것을 '21세기 대한민국의 창의적 경계인'으로 재해석했다.

이들은 세대와 세대를 연결하고, 민간과 공공을 연결하고, 지역과 지역을 연결하면서 변화를 만들어나간다. 예술과 기술을 아우르기도 하며 사장과 직원의 역할이 탄력적으로 운영되기도 한다. 여기에서 중요한 포인트는 그들이 결국 지향하는 것은 관계와의 연대라는 것이다. 그런 관계 맺기를 통하여 나와 나를 둘러싼 모든 것을 탄력적으로 변화시키고 함께 성장할 수 있기 때문이다. 즉, 자기다움이라는 가치를 가진 사람들과의 만남을 통해 행복하게 상생할 수 있는 것이다.

진심 비즈니스는 나와 나를 둘러싼 모든 것들과 함께 성장하며 변화해나가는 관계 맺기라고 정의 내리고 싶다. 그 관계 맺기는 내 안의 고정관념의 벽을 허물며 함께 살아가는 법을 배워나가는 과정이다. 그것은 나의 선호도를 뛰어넘는 상대의 존재와 영역을 있는 그대로 받아들이고 인정하는 것이다.

이렇듯 관계 맺기는 자신의 틀을 깨고 나와 다른 사람들과 환경들과 상호 호환성을 통해 의미의 확장, 가치의 확장, 생산성의 확장, 효율의 확장, 산업과 지식의 공동체로서의 가치를 확장하며, 그 누구도 예측할 수 없는 긍정적 시너지를 창출할 수 있다고 확신한다.

진심 비즈니스는 기업윤리에 가치를 둔다

기업과 관련된 옳고 그름의 문제를 다루는 분야가 기업윤리다. 이는 이익의 극대화가 기업의 목적이지만, 기업의 사회적 책임도 중요하다는 의식, 경영 성과가 아무리 좋아도 기업윤리에 대한 사회적 신뢰를 잃으면 결국 기업이 문을 닫을 수밖에 없다는 현실적인 요구를 바탕으로 한다.

2019년 8월 19일 미국 주요 대기업 CEO 모임인 '비즈니스 라운드 테이블(BRT)'은 기업의 존재 목적을 이윤 추구가 아니라고 선포했다. 기업의 존재 목적은 '이윤 추구와 주주 이익 극대화를 넘어 고객, 직원, 협력업체, 지역사회, 커뮤니티 등 모든 이해 당사자의 번영 극대화'로 바꾼다는 성명이었다. 약 47년 만에 기업의 존재 목적을 변경한 것이다. 이것은 기업의 존재 목적이 '이윤 추구'에서 '사회적 책임'으로 대전환을 맞고 있다는 것을 반증한다(출처: thevalues.kr/221704107266).

코로나19 사태로 인해 국민의 생명과 안전이 위협받고 있다. 확진자이든 아니든 모든 사람들이 불안과 공포로 인하여 이웃과 공동체에 대한 사회적 거리두기를 현실화하며 불신의 늪으로 더 깊이 빠져드는 것 같아 안타깝다. 그래도 세상은 살 만한 것임을 알려주는 곳이 있었는데 바로 윤리적인 기업가 정신을 발휘한 마스크 업체다.

한 장에 몇백 원 하던 마스크가 한 장에 5천~6천 원까지 치솟았다. 이 정도면 거의 전시 수준을 방불케 하는 가격이었다. 어떤 생산업체 사장은 거래처의 주문량을 모두 끊어버렸다. 그리고 불특정 다수를 대상으로 하는 온라인 판매로 바로 전향해서 일시적으로 100억 원 정도를 벌었다고 한다. 그 업체를 믿고 주문해 기다리고 있었던 거래처들의 피해는 불을 보듯 뻔한 일이다. 그런 반면 어떤 마스크 생산업체는 약 550원 하는 가격을 1원도 올리지 않고 공적 물량을 감당하면서도 하루에 약 2천 명의 고객에게 매일 일정 시간에 온라인을 통해 판매했다.

어떤 이는 내 이웃과 국가 공동체의 아픔과 위기를 이용해 기업윤리를 저버리면서 이윤을 남겼다. 어떤 이는 자신의 이윤을 포기하고 고객과의 약속을 지키며 이 어려운 시기를 함께 극복해나가고 있다. 코로나 사태는 언젠가는 종식될 것이다. 그러나 우리에게 마스크는 언제나 필요하다. 그렇다면 소비자는 어느 기업을 선택하겠는가?

기업윤리는 마음먹는다고 해서 단시간에 흉내 낼 수 있는 스킬이 아니다. 사람을 향한 진정성에서 우러나오는 태도다. 가짜가 판치는 이 시대에 기업윤리에 가치를 두는 진심 비즈니스야말로 우리 모두가 지향해야 하는 큰 방향성이다.

진심 비즈니스는 먹고사는 것 이상의 가치다

공연을 예술에서 산업의 차원으로 끌어올린 개척자이자 선구자가 있다. 바로 넌버벌 퍼포먼스 〈난타〉의 제작자 송승환 대표다. 그는 자신의 저서에서 사람들이 일하는 태도는 크게 3가지로 구분된다고 밝혔다.

첫째, 자기가 맡은 일을 마냥 힘들고 골치 아프다고 생각하는 사람, 먹고살기 위해 어쩔 수 없이 일한다고 생각하는 사람들이다. 이런 사람들은 절대로 그 분야에서 오래 버티지 못한다.

둘째, 힘들고 골치 아프지만 어차피 내가 해야 할 일이라는 사명감을 가진 사람은 조금 더 오래 버틸 수 있다.

셋째, 단순한 사명감의 차원이 아니라, 그 힘들고 골치 아픈 일들을 하나하나 해결해나가면서 보람과 재미를 느끼는 사람은 그 분야의 진정한 전문가로 우뚝 설 가능성이 높다.

송승환 대표는 〈난타〉가 전 세계인들에게 사랑받을 수 있었던 가장 큰 이유가 바로 자신의 스태프와 배우들이 대부분 세 번째 부류에 속했기 때문이라고 말한다. 즉, 먹고살기 위해서 일했다면 〈난타〉는 탄생하지 못했다는 것이다.

물론 먹고사는 일은 나의 생명뿐만 아니라 사랑하는 가족의 생명과 안위를 지키는 것이기에 그 가치를 폄하해서는 절대 안 된다. 그러나 분명한 것은 그 이상의 가치도 존재한다는 점이다.

이것은 왜 일하는가에 대한 대답이라고 할 수 있다. 즉, 일을 대하는 태도에 관한 이야기다. 일을 하고 있는 나 자신에 대한 가치를 다시 정립하는 일이다. 진심 비즈니스는 해야 할 일과 하고 싶은 일의 경계에서 괴로워하지 않는다. 오늘부터 다시 마음을 먹어보자. 내가 지금 제일 잘할 수 있는 일이 바로 나에게 주어진 소명이다.

나의 진심 클라이언트들

진정한 카리스마는 인격이다

삼성물산 상사 부문 전 직원이 참여하는 '런 투게더(Run Together)' 행사를 연이어 맡게 됐다. 이 행사는 임직원의 화합과 소통을 위해 매년 진행되는 행사로 다양한 문화 프로그램이 구성되었다.

우리 회사가 담당하게 된 2015년과 2016년은 그간에 진행 방식과 어떤 차별화를 두어 참여자들에게 새로운 즐거움을 선사할 것인지 삼성물산 담당자들과 참 많은 회의를 했던 프로젝트라서 지금도 기억에 많이 남는다.

모든 프로젝트가 그렇겠지만 특별히 더더욱 행사에 참가할

직원 한 사람 한 사람의 특성들을 다 고려해서 불편함 없이 최선을 다하려고 했던 총무·인사팀의 부장님, 과장님, 대리님들의 얼굴이 선하다. 사소한 것들에 디테일한 진심을 담으려 했던 그분들을 보면서 오히려 이벤트 제작사 대표인 내가 한 수 배웠던 기억이 난다.

'런 투게더 2015'은 '숲속 힐링'이라는 주제로 아침고요수목원에서 진행했고, '런 투게더 2016'은 '도심 속 소풍'이라는 콘셉트로 해설이 있는 서울 시티투어(박물관과 미술관 도슨트 투어)로 진행했다. 행사도 행사이거니와 행사가 끝난 이후에 내가 느꼈던 감동은 지금도 고스란히 가슴속에 남아 있다.

핸드폰 벨 소리가 경쾌하다. 며칠 전 행사를 잘 마무리한 후 내 마음이 홀가분해진 이유도 있겠지만 화면에 떠오른 이름에 미소 지으며 반갑게 통화음을 눌렀다.

"어머, 차장님! 주말에 좀 잘 쉬셨어요?"

"네, 대표님도 잘 쉬셨나요? 행사 치르시느라 너무 애쓰셨습니다.

"아닙니다. 제가 한 게 뭐 있나요? 차장님께서 시작부터 끝까지 너무 애쓰셨지요. 저도 이번에 차장님과 팀원들에게 한 수 배웠습니다. 좋은 기회 주셔서 감사드리고, 잘 마무리할 수 있도록 한마음으로 지원해주셔서 너무 감사드립니다."

이렇게 마음을 담은 진심 어린 인사들이 오간다. 며칠 전 성황리에 행사를 끝낸 삼성물산 상사 부문 행사 총괄 책임자이신 김 차장님의 전화였다.

"그런데 어쩐 일로 전화 주셨어요? 곧 결과 보고서 문건이랑 사진, 동영상 편집해서 보내드릴 예정이에요. 정산도 조속히 끝내도록 하겠습니다. 며칠 말미를 주세요."

나는 행사 후에 결과 보고서와 정산을 재촉하는 전화인 줄 알고 미리 선수를 치며 인사를 건넸다. 그런데 차장님의 전화 용건은 그게 아니었다.

"대표님, 이번 행사 준비하시느라 너무 애쓰셨는데 저희가 대표님 사무실로 찾아뵙고 점심 식사라도 함께하고 싶은데, 일정이 어떠세요?"

"네? 이렇게 전화를 해서 격려해주시는 것도 감사한데 점심 식사까지 대접해주시겠다고요? 그것도 저희가 찾아뵙는 게 아니고, 저희 회사로 오신다고요?"

그렇게 행사를 같이 준비했던 김 차장님과 팀원 네 분 정도가 사무실을 방문해 우리 직원들에게 점심 식사를 대접하며 감사의 인사를 정말 정성껏 전했다.

"차장님, 너무 감사드립니다. 저도 감사하지만 저희 직원들도 너무 감격했습니다. 이렇게 사무실까지 찾아와주셔서 정성스럽게 식사를 함께 나누고 격려해주시니 저희가 보람도 있으면서 세상이 참 아름답게 보입니다."

"아닙니다, 대표님. 저희가 월드 때문에 이 행사를 잘 치렀고, 사장님 이하 임원들 그리고 직원들이 매우 즐거워하고 만족해했습니다. 처음부터 끝까지 신경 많이 써주시고 저희들의 까다로운 부탁도 잘 이해해주신 점 다시 한 번 감사드립니다."

이렇게 생각지도 못한 배려를 받으며 시간을 보내고 나니, 여러 가지 생각이 들었다. 우리가 함께 식사하면서 무엇을 나누었겠는가? 우리를 모이게 한 소재는 밥이었지만 그날의 주제는 배려와 감사였다.

사실 아무리 행사가 잘 끝났다 할지라도 지나간 행사에 대해 이렇게 신경 쓴다는 것은 정말 쉬운 일이 아니다. 이런 자리를 만들지 않아도 아무런 문제가 되지 않는다. 그러나 그것을 2년째 실천하고 있는 김 차장님의 배려가 내게 가르쳐준 것이 하나 있다.

사람을 움직이는 결정체인 카리스마는 결국 힘이나 권력이 아니라 인격에 있다는 것이었다. 그리고 모든 선한 결과는 협력에 있다는 것이다. 얼마든지 위압적으로 지적하고 지시할 수 있는 상황인데도 오히려 겸손한 자세로 상대를 인정하고 칭찬하며 진정한 팀워크의 진수를 보여주었다.

몇 명 안 되는 우리 조직도 몇천 명이 넘는 자신의 조직과 동일하다고 생각하며 배려하는 그분과 팀원들을 보면서 나도 그들처럼 되기를 간절하게 소망하며 배려가 힘이 되고 인격이 되는 그런 삶을 살아야겠다고 다짐했다.

진심에 보너스를 입히다

"우리 회사가 지난 몇 년간 진행했던 행사들 동영상인데, 한 번만 봐주세요."

"주 이사님, 이번에 행사가 있나 보군요. 어떤 행사인지 제가 면밀히 살펴보고 리뷰 의견 드릴게요."

"매년 1월에 진행하는 전 직원이 참여하는 목표달성 결의와 한마음 단합대회 행사인데 대표님의 손길로 의미와 감동 그리고 재미까지 곁들인 행사로 만들어주세요."

"네, 며칠 말미를 주시면 제가 정리해서 찾아뵐게요."

벽산엔지니어링, 벽산파워와의 인연은 이렇게 시작되었다. 약 5년간 여주와 파주에서 서로 몸과 마음을 부대끼며 함께 웃고 함께 울며 신년 새해를 벅차게 맞이하고 결심하고 다짐했다.

조직원 500여 명이 매해 1월에 한자리에 모여서, 공식 행사 및 주요 강연, 목표 달성을 위한 팀별 퍼포먼스 그리고 산행, 저녁에는 직원들이 한 달간 연습한 수준급 공연 등을 발표하면서 팀워크를 다지는 중요한 행사였다.

공식 행사는 경영 총괄임원의 신년 비전 발표를 중심으로 각 팀별, 부서별 한 해의 목표를 나름의 슬로건과 다짐으로 정리해서 모든 이들 앞에서 발표하고 선서하는 순서다. 이어서 공식 행사의 긴장을 풀어주기 위해 주요 강사들을 섭외해서 트렌드를 맛보고, 재미와 지혜를 함께 맛보는 시간도 이어졌다.

산행은 회장님께서 워낙 좋아하시는 콘텐츠라서 비가 오나 눈이 오나 우리는 겨울 산행을 늘 준비했다. 그래서 답사도 여기저기 참 많이 다녔다. 산행의 제일 핵심은 두말할 것 없이 안전이다. 그래서 산행 전문 인력 배치와 안전사고에 대비한 물자 및 비상 시 계획에 늘 만전을 기했다.

어느 해인가 지난해 매출 저조를 탈피하고 직원들 사기 진작과 파이팅을 이끌어내기 위한 특별 주문이 있었다. 나는 크게 2개의 축으로 프로그램을 제안했다. 하나는 배려와 감동이 있는, 동지애(愛)가 묻어날 수 있는 '유앤아이(YOU&I)'라는 프로그램이고, 다른 하나는 모든 사원들을 주변인이 아닌 주인공의 정체성을 갖게 하는 '슈퍼스타 벽산' 프로그램이었다.

산행할 때 진행했던 유앤아이 프로그램은 2인 1조 파트너로 1명은 눈을 감고 1명이 리드하는 것이다. 앞이 안 보여 조금 답답하지만 내가 손을 잡고 걷고 있는 파트너를 믿어야만 갈 수 있는 길이다. 잠시 눈을 감고 길을 걸어보라. 한 걸음도 못 가서 답답하고 불안할 것이다. 유앤아이 프로그램은 사람에 대한 신뢰, 조직에 대한 신뢰, 조직에서 자신의 위치에 따른 상호 신뢰를 느끼게 해주어 자연스럽게 동지애가 싹튼다. 프로그램 참여자들은 팀원에 대해 새롭게 이해하는 계기가 되었다고 아주 긍정적인 평가를 해주었다.

'슈퍼스타 벽산'은 한 사람 한 사람을 주인공으로 빛나게 하는 프로그램이었다. 먼저 전문 아티스트들을 투입해서 합창, 중창, 독창 등 노래 부문과 연기, 댄스, 뮤지컬, 사물 퍼포먼스 등 다양한 장르에서 각 부서의 참석자들이 한 달간 연습을 하며 쌓아올린 실력들을 유감없이 선보이는 것이다. 이런 시도는 처음에는 반대도 많았고 조직원들도 어색해했지만 결국 성공적인 참여도와 호응도를 이끌어내며 대미를 장식했다.

이렇게 행사를 마치고 나서 한 가지 깨달은 것이 있다. 내가 기획자로서 좋은 아이디어를 낸다고 해서 모든 게 일사천리로 진행되지 않는다. 좋은 광고주가 좋은 광고를 만들듯이 좋은 광고주가 좋은 행사도 만든다는 것이다. 건설, 플랜트, 토목 등의 사업 분야로 남자들이 대부분인 회사 분위기에서 '유앤아이'나 '슈퍼스타 벽산' 같은 새로운 프로그램의 시도를 인정하고 무조건 신뢰하며 맡겨주었던 인사총무경영의 핵심 임원분들에게 진심으로 감사드린다. 특히 이 지면을 통해서 맘껏 상상하고 꿈꾸며 행사를 기획할 수 있도록 지원해주신 주 이사님과 김 회장님께 너무 감사드린다.

감동의 여운이 컸던 탓일까? 행사 후 며칠이 지나서 전화를 한 통 받았다.

"김 대표님, 저희 회장님께서 행사가 너무 감동적이었다고 금일봉을 전달하신다고 하시는데 언제쯤 시간이 되실까요?

"어이쿠, 감사해요. 저희에게 다년간 좋은 기회를 주셔서 감사드려요. 그런데 이런 걸 받아도 될지 모르겠어요."

"이번 주에 오셔서 점심 식사 하시지요."

"네, 그러겠습니다. 감사합니다."

이렇게 벽산엔지니어링과 벽산파워에서 우리는 행사를 잘 마쳤다는 감사의 인사와 맛있는 점심 식사 그리고 정성스런 금일봉까지 받게 되었다. 이렇게 감사할 일이 또 있을까?

결국 내게 맡겨진 일들을 진심으로 들여다보고, 어떻게 하면 내게 일을 맡겨주신 분들을 행복하게 할 수 있을까 하는 고민에 대한 작은 결실인 것 같아서 나도 직원들도 참 뿌듯했다. 이렇게 우리는 진심으로 우리의 업과 일에 대한 철학, 그것을 펼쳐나가는 과정들을 존중하고 응원해주는 좋은 클라이언트로 인해 행복하다.

비대면 시대,
사람에 초점을 맞춰라

온택트로의 전환

코로나19는 세상의 많은 것들을 바꾸어놓았다. 학생들은 학교가 아닌 집에서 수업을 받고 있으며 직장인들은 회사보다 재택근무 시간이 늘어나고 있다.

전통시장이든 마트이든 시장바구니 들고 장을 보러 다니던 모습도 어느새 온라인 쇼핑으로 더 빠르게 대체되어가고, 저녁마다 즐비하게 늘어서 있던 맛집의 풍경도 어느새 사라져가고 있다. 추석이면 당연히 찾아가서 뵈어야 할 부모님과도 거리를 두어야 하고, 연휴 때마다 사람들로 인산인해를 이루던 인천공항은 그 한산함이 스산하기까지 하다.

서로 직접 얼굴을 보고 만나서 회의하고 미팅하며 교류했던 우리의 대면문화는 어느새 영상으로 대체되었고 대부분의 TV 프로그램의 시청자 참여가 화상 참여로 자연스럽게 전환되어가고 있다.

나의 업(業)도 변화의 시대를 맞이하고 있다. 올해의 가장 뚜렷한 변화는 화상회의가 일반화되었다는 것이다. 그리고 모든 회의와 PT에서 마스크를 써야 한다는 것이다. 더 나아가서 이제는 영상으로 PT를 해야 하는 상황도 곧 맞이하게 될 것이라 예상된다.

처음에는 마스크를 쓰고 PT를 하려니 긴장감도 있는 데다 호흡도 잘 안 되고 목이 말라서 당장이라도 마스크를 벗고 뛰쳐나가고 싶었다. 그러나 이제는 완전히 적응되어서 마스크를 쓰고 일하는 것이 익숙해졌다.

그리고 시대를 대변하듯 올 한 해 계약한 행사들이 초기 제안하고는 다르게 기본 틀을 바꾸고 있다. 일련의 과정들을 피부로 느끼며 온택트 시대를 실감하고 있다. 20여 년의 전문성을 가진 이 업계에서도 앞으로 살아남으려면 무엇을 어떻게 해야 할지 사뭇 긴장되고 머리가 지끈지끈 아프기도 하다.

슬기로운 해커톤 대회

“대표님, 해커톤 대회 구성을 완전히 바꿔야 할 것 같아요.”

무슨 이야기인지 설명이 더 필요해서 최 실장과 눈을 맞췄다.

“혁신에 대해서 끝장토론을 해야 하는데 현재 코로나19 사회적 거리두기 2.5단계 지침을 받은 상태라서 전체가 한자리에 모일 수는 없을 것 같아요.”

“주최 측의 뚜렷한 의사 결정이 있었나요?”

아직은 어떤 결론을 내리지는 않은 듯하다. 그도 그럴 것이 우리 모두가 처음 겪어보는 코로나19라는 시련 앞에서 무엇인들 자신 있게 확신할 수 있단 말인가?

“그래요. 우리 다시 한 번 행사의 전환을 생각해봅시다.”

우리는 지속적으로 행사를 진행하기 위한 아이디어 회의에 돌입했다. 예선은 온라인으로 이미 진행하고 있었고, 예선을 통해서 올라온 일곱 개의 본선팀도 결국은 한자리에 모이지 않고 별도의 공간을 각자 임대해서 팀별로 발표 자료를 영상으로 촬영하고, 팀마다 부과된 질문도 즉석에서 답을 받아 영상으로 촬영했다.

그리고 그들의 발표 자료, 발표자 스피치 모습 등을 편집해서 심사위원들에게 보냈고, 그 영상 편집본을 보고 심사위원들은 심사를 마쳤다. 그렇게 진행한 해커톤 대회는 잘 마무리되었고, 우리는 행사 참여자들이 한 번도 모이지 않고 진행되는 어느 공공기관의 혁신에 대한 해커톤 대회를 온라인으로 모두 마무리했다. 새로운 변화의 시작이었다.

서울시립과학관의 언택트와 온택트

2020년 4월에 PT를 해서 수주했다. 그런데 학생들이 주로 이용하는 시설이다 보니 코로나 시국에 학생들의 안전이 최우선이기에 무엇을 할 수 있는 구조가 아니었다. 그리고 국공립 시설들은 올해 휴관, 개관을 반복하며 코로나19와 힘겹게 싸우고 있지 않은가?

나는 이 계약이 취소될 것이라 생각했다. 그러나 이 계약은 다시 살아났고 우리는 과학관 공간에서 할 수 있는 온택트 행사를 기획했다. 거의 1년간 내부에서도 어찌할지 고민하다가 내린 특단의 결단이었다.

사실 코로나19의 여파가 아직 한창 진행 중인데 공공기관에서 이런 결단을 내려준 것에 대해 너무 고맙고 감사하다. 결국 우리가 원하든 원하지 않든 본격적으로 온택트 행사의 심장부로 계속 걸어 들어가는 느낌이었다.

당연히 과학이라는 주요 뼈대는 살아 있고, 그것을 만나고, 만지고, 즐기고, 나누려고 하는 많은 참여자들, 즉 과학관의 메인 관람객인 초등학생, 중학생, 고등학생 그리고 학부모들과의 연계점을 찾기 시작했다.

유튜브에서 진행할 수 있는 아이템들, 화상 솔루션으로 진행할 수 있는 프로그램들, 기존에 만들어져 있는 제작 키트를 집으로 배송해주고, 영상으로 만들어가는 과정을 함께 공유하고 그 결과물을 다시 현장에 전시하고, 그걸 다시 영상 아카이브로 만들어내는 아이디어였다.

아울러 과학관 직원들이 교대로 재택근무를 하다 보니 줌 화상회의도 자주 시행하게 되었다. 내가 어디에 있든 무엇을 하든 우리가 독립적으로 만나서 회의하고 미팅할 수 있게 되었다. 이렇게 조금씩 우리는 온택트와 친해지면서 디지털 시대로 방향전환을 하고 있는 중이다.

온택트의 기세는 서울을 넘어 프랑스 파리까지

2020년 11월에 프랑스 파리에서 예정되었던 행사가 있었다. 8월에 수주해서 11월에 파리로 건너가서 실행해야 하는 행사였지만 파리에 본부를 둔 기관과 협의를 통해서 서울과 파리를 잇는 온택트 행사로 진행하기로 최종 결정되었다.

이 행사는 언어와 관련된 학술 포럼 행사로, 우리는 '언어로 세상을 잇다(connect)'라는 주제를 도출하고 오프라인 행사가 진행되지 않을 시에 온라인으로 어떻게 진행할 것인지에 대한 대안을 가지고 PT를 했다.

결국 우리는 서울과 프랑스 파리를 잇는 화상 방식의 학술 포럼을 진행해야 한다. 우리의 주요한 생각은 옛 고서들이 담겨 있는 모습을 느낄 수 있도록 책으로 둘러싸인 고풍스러운 스튜디오를 만드는 것이다.

영상은 와이드로 구성되고 다면분할 영상기법으로 사회자, 발제자 그리고 온라인 참여자 등이 서로를 불편함 없이 바라보면서 학술 포럼에 참여할 수 있는 최적의 시스템을 구현하기로 계획을 세웠다.

언어 또한 불편함이 없도록 공식 언어는 국어, 영어, 프랑스어 3개 국어를 채택하고, 그 이외의 국가에서 참석하는 사람들을 위해서는 사전 원고를 접수받아서 그 나라의 언어로 번역한 뒤에 자막으로 띄우기로 했다.

이제 모든 행사의 대안으로 온택트 행사를 함께 제안해야 한다. 그리고 당분간 온택트 행사로의 전환이 주를 이룰 것이다. 이렇게 한 걸음씩 새로운 세상을 향해 걸어나가다 보면 어느새 온택트 시대를 리드하는 오피니언 컴퍼니로 우뚝 서게 되지 않을까?

결국은 휴먼택트

직원들과 식사 후에 잠시 유명한 프랜차이즈 커피숍에 들렀다. 커피를 테이크아웃하려고 대기하고 있는데 예전에 그렇게 다닥다닥 붙어 있던 테이블과 의자의 간격이 눈에 띄게 넓었다. 그리고 매장 직원 1명이 계속해서 좌석을 소독하고 있었다.

"코로나가 무섭긴 한데, 한편으론 또 그것 때문에 이렇게 사람이 먼저인 시스템이 구축되니까 느낌이 뭐랄까, 참 새로운 느낌이야."

"그러게요. 예전에 매장의 매출이 먼저이고 고객의 쾌적한 환경은 나중 문제였는데, 이렇게 거리두기 좌석 배치를 해놓으니 공간도 더 쾌적해 보이고 사람들도 더 편안해 보여요."

그렇다. 이렇게 코로나19 시대를 살고 있는 우리는 피해자이기도 하지만 한편으로는 국가와 사회의 모든 시스템이 우리를 보호하고 안전하게 지켜내기 위한 혜택을 고스란히 받고 있는 수혜자이기도 하다.

언택트. 접촉을 하지 말라는 뜻이다. 되도록 접촉을 줄이고 비대면으로 마케팅을 하라는 마케팅 언어이긴 하지만, 결국은 최대한 접촉을 피하라는 권고도 내포하고 있는 것 아니겠는가? 생각해보니 그 이유는 사람을 보호하기 위해서다.

언택트를 넘어서 온택트라고 한다. 모든 대면을 온라인으로 하자는 뜻이다. 온라인으로 소통하고 온라인으로 세상과 사람과 연결하라는 뜻이다. 그 이유 또한 곰곰이 생각해보면 사람을 보호하기 위해서다. 결국 언택트나 온택트나 모두 사람을 보호하기 위한 것이고, 사람과 온전하게 소통하기 위한 방법론이다. 결국 그 목적은 휴먼택트다.

코로나19가 우리에게 일깨워준 것은 지구의 생명과 자원에 대한 인간의 독선적 태도다. 그러나 그 이면에는 결국 인간에 대한 포기할 수 없는 애정, 휴먼을 담고 있다.

결국은 과학과 기술과 의료 등 사회의 통합 시스템들이 서로 맞물려서 돌아가고 있는 그 중심에 인간이 서 있다. 그러므로 더더욱 코로나19의 시발점이 나로부터 시작되었다는 의미 있는 자기 성찰이 확대되고 확산되면서 그 근원의 본질적 이유를 다스려나가야 한다. 그러한 자기 성찰 속에서 나와 내 이웃을 지켜내기 위한 대답도 함께 얻을 수 있기 때문이다.

사람답게 살게 하는 세상, 봄, 여름, 가을, 겨울 사계절의 뚜렷한 변화와 매력 속에서 깊어지고 풍성해졌던 우리들 삶의 모습을 기억하자. 어려운 일을 당한 내 가족과 친구와 이웃들에게 눈 마주치며 따뜻한 온기를 나누었던 그 시절로의 회기는 어쩌면 나의 성찰에서 시작된다. 이제 우리는 생명공동체라는 연대의식을 가지고 나아가야 한다.

언택트, 온택트를 넘어선 휴먼택트의 중심엔 무엇이 있을까? 바로 진심과 진정성이다. 디지털 시대로의 전환, 그것이 아무리 빠르게 진화하고 깊어진다 할지라도 인간 본연의 모습에서 절대 벗어날 수 없는 그 본질적 힘은 바로 진심이다. 그것이 휴먼택트다. 휴먼택트는 결국 모든 생명을 각자의 자리에 가져다놓는 진정성 있는 용기이자 실천으로 완성될 것이다. 나로부터 시작하자.

지인들이 나를 세일즈하도록 만들어라

책을 쓰기로 하고 지난 20년간 있었던 일들을 정리하다 보니 새삼스레 많은 사람들, 다양한 에피소드들이 생각났다. 생각 속에서 하나둘씩 꺼내보니 즐거운 시간도 있었지만 때로는 고통스러운 시간도 있었다. 어느 작가의 고백처럼 글을 쓴다는 것은 처절하게 고통스러운 작업이기도 하고, 그 근원은 아픔이라는 말이 조금은 이해되는 부분이다.

그런데 또 다른 측면은 매우 즐겁고 신나는 면도 있다는 것이다. 내가 20년 전 어느 부분을 회상하며 글을 쓰고 있는데 그 글 속에 언급했던 주인공이 전화를 했다. 그냥 생각나서 전화를 했다는 것이다.

너무 반가운 마음에 요즘 어떻게 지내시는지 안부를 물었고, 그분이야말로 오늘의 나를 있게 하신 우리 회사 최고의 영업맨이었음을 다시 한 번 상기하고 감사의 인사를 드렸다. 우리는 10여 년이 지난 지금 다시 만나서 지난날들을 이야기하며 한껏 즐거워했다.

시카고에서 걸려온 특별한 전화

2003년에 내가 직원으로 근무하던 회사는 부도 직전 아주 초라한 시절을 보내고 있었다. 회사의 직원은 나와 관리팀 1명뿐이었다. 그동안 사용하던 큰 사무실을 비우고 사장님 지인의 사무실로 이사하는데, 날은 어둡고 비까지 추적추적 내렸다. 관리팀 직원은 딸이 아프다고 그마저도 결근이었다.

아침 일찍부터 서둘러 짐을 싸고 새로운 사무실로 이사를 왔다. 분명 사전에 방문해서 사무실과 들어갈 짐의 크기와 위치를 쟀었는데, 잘못 체크했는지 사장님께 보고했던 크기와 달리 훨씬 좁았다. 짐을 다 풀지도 못하고 그대로 창고에 보관해야 하는 상황이었다. 그렇지 않아도 좁은 사무실로 이사를 해서 우울하던 사장님은 더 깊은 우울감에 빠졌다. 그런데 갑자기 전화벨이 울렸다. 퇴직하신 정 상무님의 전화였다.

"김 실장, 지금 어디야? 왜 회사 전화가 안 되는 거지?"

“오늘 사무실 이사하는 날이라서 회사 전화가 잠시 끊겼어요. 무슨 일이세요?”

“포스코건설에서 중요한 행사가 있는 모양인데, 월드를 찾고 있다니, 얼른 전화해봐.”

“네, 알겠습니다. 감사합니다.”

포스코건설에서 인천 송도 관련 큰 행사를 기획해서 진행하는데, 포스코건설 상무님이 예전에 행사를 진행했던 우리 회사를 찾는다는 얘기였다. 회사 대표번호로 전화를 했는데 그날 우리가 이사를 하고 있었으니 전화 연결이 안 된 것이다.

그런데 전화를 연결하게 된 상황이 참으로 복잡했다. 포스코건설 상무님이 새로운 일을 우리 회사에 맡기기 위해 ‘포스코 E&C 사명변경 및 비전선포식’을 진행할 당시 우리 회사 도우미실 담당자였던 오희경 실장에게 전화를 했는데, 오 실장의 아버님이 받으셨다고 한다. 오 실장이 결혼을 해서 현재 시카고에 살고 있어 전화를 대신 받았던 것이다. 아버님은 미국으로 전화를 해서 상황을 전달했고, 오 실장이 정연길 상무님에게 전화를 드려 나에게 연결이 된 것이다.

나는 그다음 날 포스코건설에 입성했다. 그리고 그날로부터 지난 20년간 포스코와 포스코건설사의 주요 파트너사가 되어 인천 송도국제도시부터 포항, 광양, 베트남 하노이, 호치민, 붕따우, 다낭, 멕시코, 아프리카까지 종횡무진하며 거침없이 성장했다.

이처럼 인연은 알 수 없는 일이다. 모든 사람들이 나의 영업맨이 되게 하는 힘은 어디에 있을까? 그것은 바로 사람에게 그리고 그 프로젝트에 나의 진심을 싣는 것이다.

'포스코 E&C 사명변경 및 비전선포식'은 내가 입사하기 전 일이었지만 만약에 월드가 최선을 다하지 않았더라면 이렇게 끈질기게 전화번호를 추적했을까?

월드의 사장님과 구성원이 조직의 주요 사업의 한 분야를 총괄했던 오 실장님과 함께 한가족처럼 뛰지 않았더라면 전화 한 통을 연결하기 위해 한국과 미국을 넘나들며 애써주었을까? 결국 모든 희망의 출발점은 사람이며 진심이다.

3초도 안 되어 생각나는 회사와 직원들의 얼굴

행사를 수주하는 방법에는 두 가지가 있다. 하나는 입찰 방식이고, 다른 하나는 비입찰 방식이다. 우리 회사는 지난 20년간 비입찰 방식의 매출이 약 80퍼센트 이상 차지한다.

우리 회사는 행사를 의뢰했던 기업이나 단체가 또 다른 기관이나 기업에 소개하는 방식으로 일을 많이 수주해왔다.

오늘 행사를 마치면 어느새 다음 날 소개받기도 했고, 이 나라에서 행사를 하면 어느새 다음 달엔 다른 나라에서 소개를 받았다. 외국인 행사를 위해 통역사를 섭외하면 그 행사에 참석했던 통역사가 다른 행사를 소개해주기도 하고, 모 건설사의 분양대행사와 행사를 진행하고 나면 그 분양대행사가 다른 건설사를 소개해주기도 했다.

행사를 진행했던 호텔의 총지배인이 우리 행사를 지켜보다가 다른 기업에게 우리를 소개해주기도 했다. 하물며 어떨 때는 우리 프로젝트에 참여했던 무대 제작 회사가 오랫동안 친분을 쌓아왔던 관공서를 연결해주기도 했다. 우리 행사의 출연진이었던 공연자가 자신에게 출연을 요청했던 다른 지역의 행사에 우리를 대행사로 추천하기도 했다. 많은 분들에게 이렇게 관심과 지지를 받는다는 것이 감사할 뿐이다.

우리 회사를 자신의 회사인 것처럼 다른 분들에게 소개해주시는 분들이 한결같이 하는 말이 있다. 바로 누군가 소개를 해달라는 부탁을 받으면 3초도 안 되어서 우리 회사 이름과 직원들의 얼굴이 생각나는 것이다. 아마도 그 중심엔 우리 회사의 철학이 뒷받침되어 있기 때문이리라. 우리는 가장 좋은 행사가 가장 좋은 영업이라고 생각한다.

우리는 행사 주최자나 참여자들에게 늘 행사 현장에서 우리 자신을 세일즈한다고 생각한다. '저 회사가 어느 회사지? 정말 행사를 잘 진행하는 회사인 걸. 내가 행사 담당자가 된다면 저 회사와 파트너가 되어야겠다'라는 생각을 할 수 있다면 그만큼

효과적이고 성공적인 영업이 어디 있겠는가?

그 작전은 늘 성공이다. 누군가에게 소개를 받았다고 나에게 전화를 하시는 분들에게서 매번 받는 질문이 있다.

"그때 하셨던 행사가 월드에서 하신 것 맞죠?"

그런 질문을 하시는 분들과의 프로젝트 성사 확률은 거의 100퍼센트다. 이미 신뢰가 바탕에 깔려 있기 때문이다. 그 행사를 눈으로 봤다는 증거이고 눈으로 확인한 신뢰는 쉽게 흔들리지 않는 법이다.

가장 좋은 영업은 이 순간 가장 좋은 행사를 해내는 것이다. 지금 이 순간이 나와 회사의 모든 진심을 싣기에 제일 좋은 장소다. 그리고 그것이 나의 지인들이 나를 무한 신뢰하며 누군가에게 아낌없이 나를 세일즈해줄 수 있는 가장 큰 비결이다.

진심,
어디까지 해봤니?

2003년 10월, 소공동 롯데호텔에서 인천 송도와의 인연을 맺는 첫 행사가 시작되었다. 인천경제자유구역청과 송도개발의 주역이었던 포스코건설과의 MOU 체결식이다. 그 행사를 성공적으로 마치고, 송도 내에서의 클라이언트도 다각화되었다. 인천시청은 물론이고 인천경제자유구역청, 포스코건설, 미국 게일(Gale) 사의 국내 법인이었던 GIK, 국내 바이오 선두주자 셀트리온, 연세대학교 국제캠퍼스, 포스코 R&D 센터 등 송도에 입주해 있는 다양한 클라이언트가 나를 찾아주었다.

인천 송도로 이사 가다

"여보, 우리 송도로 이사 가면 안 될까요?

나의 뚱딴지같은 제안에 남편의 눈이 휘둥그레졌다. 그도 그럴 것이 한 번도 떠난 적이 없었던 삶의 터전을 갑자기 송도로 옮기자고 하니 무슨 일인가 하는 눈치였다.

"송도가 지속적으로 개발되고 발전하면서 송도로 이주해서 살고 있는 지역민과 기업들이 많아지잖아."

남편은 '그런데?' 하는 눈치였다.

"그런데 내가 실제로 그 송도에서 살아봐야 송도 사람들이 뭘 원하고 있는지, 뭘 불편해하고 있는지를 보다 자세하게 알게 되지 않을까? 그걸 정확하게 알아야 내가 행사를 기획하거나 언론 홍보나 온라인 홍보를 진행할 때 보다 실질적으로 나의 광고주들에게 도움이 되지 않을까?"라고 솔직하게 나의 심정을 말했다.

남편은 나의 진심이 담긴 생각을 듣더니 내 생각을 존중하며 받아들여주었다. 그리고 그렇게까지 해가면서 자신의 일을 제대로 해내고 싶어 하는 나의 프로 근성을 아낌없이 격려해주었다.

2004년 송도컨벤션센터 착공식을 할 때만 해도 송도는 많은 지역이 허허벌판이었다. 넓은 땅에 건물이 없다 보니, 이곳이 정말 도시로서의 기능이 가능할까 하는 의문이 들 정도였다. 송도 개발 초반에는 여기저기에서 주요 건물들이 들어섰기 때문에 착공식(또는 기공식) 위주의 행사가 많았다. 그 이후에 송도로 이전하는 회사들이 늘어나면서 송도에 정착하는 인구수도 4만 명에서 8만 명, 8만 명에서 12만 명으로 지속적으로 늘어나고 있었다.

2010년 즈음부터 송도 인구가 10만 명이 넘어가며 계획도시로서의 위용이 점점 드러나자 클라이언트는 송도에 살고 있는 시민들의 생각을 궁금해했다. 왜냐하면 주민들과의 접점을 이루는 프로모션을 진행하려고 해도 그들의 생각이 어떤지를 알아야 효과적으로 진행할 수 있기 때문이었다.

사실 송도는 도심의 비주얼은 유럽의 어느 도시에 와 있는 것처럼 아름답다. 그리나 안타깝게도 송도에 살지 않는 사람들은 송도의 매력을 너무 몰랐다. 그리고 알았다고 하더라도 심리적 거리감 때문에 "인천 송도까지 어떻게 가?"라며 부정적 인식이 지배적일 때였고, 타 지역의 사람들이 선뜻 송도로 놀러오지도 못하던 시절이었다.

나 또한 송도 전반에 걸친 프로모션 기획을 송도 출범 초창기부터 해오고 있었기에 송도에 거주하는 사람들의 생각과 원하는 바를 알고 싶었다. 송도 시민들을 위한 프로모션을 기획하고자 할 때 송도에 살아보지 않고서는 알 수 없는 것들이 너무 많았다.

나름 서슴지 않고 송도로 집을 이사할 것을 남편에게 제안했고, 남편도 그 뜻을 흔쾌히 받아들여 주었다. 사실 그 계획은 쉬운 일이 아니었다. 나는 나름대로 승부수를 던진 거였다.

나의 생각은 적중했고, 송도 시민으로 약 2년간을 살면서 송도 내의 명품 행사들을 많이 기획하고 시민들에게 사랑받을 수 있었다. 송도에서 정말 많은 사랑을 받았던 '송도 굿마켓'이 그때 탄생하게 되었다. 굿마켓은 지금까지도 많은 사람들에게 사랑받는 송도의 대표 콘텐츠가 되었다.

나의 거래처는 내가 홍보한다

아침부터 전화벨이 울린다. 친한 후배 김상화 대표다.

"언니 요즘 뭐해? 아침에 출근하면서 언니 SNS 보니까 팔로워가 2천 명이 넘어갔더라?"

"아, 나도 아침에 봤어. 안 그래도 매일 팔로워가 늘고 있어서 기분이 좋네."

"아니, SNS 잘 안 했잖아. 요즘 무슨일이 있었던 거야? 어떻게 된 거야?

후배의 목소리가 숨이 넘어간다. 뭐가 그리 급한 건지 너무 궁금해 죽겠다고 난리다.

"나한테 일을 맡겨주신 어느 회사의 SNS 홍보를 좀 더 잘해보고 싶어서 김미경 유튜브대학에 입학했어."

"대학원을 두 개나 다녔으면서 또 다닌다고?

놀라워하는 동생의 반응에 "지금 SNS 비즈니스 과정 강의 듣고 있는데 배우면서 하다 보니 시너지가 나서 계속 팔로워가 늘어나더라고"라고 말하면서 나도 내심 마음으로 기뻤다.

사실 내가 SNS를 공식적으로 배우고 있는 이유는 이렇다. 이제 온택트 시대를 살아가야 하는 상황에서 나는 나에게 일을 맡겨주시는 분들을 위해 조금이나마 도움이 되고 싶었다. 우리가 맡은 프로젝트를 홍보하기 위해서는 각 분야별 인플루언서들을 섭외하고 그분들에게 도움을 요청하기도 하지만 일정, 비용, 성향 등이 잘 맞지 않을 수도 있다.

그런데 기업은 생물이라서 즉시 전력이 필요할 때가 있다. 그러나 SNS 인플루언서들은 기업이 즉시 전력으로 활용하기엔 힘들뿐더러 내가 원할 때 내가 원하는 방향의 콘텐츠를 피드에 올리는 것도 쉽지 않고 과정도 복잡하다. 그런 일을 몇 번 겪었더니 머리가 지끈지끈 아팠다. 나는 내가 진행하는 프로젝트는 나의 SNS에서 맘껏 홍보하고 싶었다. 그래서 결국 내가 인플루언서가 되기로 결심했다.

그것이 가능한가? 그 소박한 마음은 현실로 이루어지고 있다. 나의 프로젝트를 맘껏 홍보하고 싶은 마음으로 시작한 SNS의 필로워 수가 1개월 만에 약 2천 명을 돌파했다. 그리고 나의 SNS를 보고 행사장을 찾은 분들을 볼 때마다 내 마음이 감격스럽다. 온택트 시대의 위력이기도 하지만 제아무리 온택트라 하여도 사람의 진심을 우선하지는 않음을 또 배우게 된다.

사실 누가 알아주든 알아주지 않든 나의 프로젝트를 위해 스스로 인플루언서가 되기로 작정한 날부터 나는 진정성을 가지고 부지런히 SNS에서 친구들을 만나고 있다. 그리고 매일 팔로워가 늘어나는 것으로 착실하게 인플루언서로 진입하고 있는 중이다. 이러한 성과들은 그냥 이루어지는 것이 아니다. 1일 기준 4~5시간 정도 별도의 시간을 마련해서 SNS 친구들과 소통하기 위해 애썼던 나의 노력도 한몫을 했지만 결국 진정성 있는 소통을 원하는 사람들의 마음을 확인할 수 있었다.

오늘도 내가 맡은 프로젝트들은 나의 SNS에서 세상을 향해 홍보되고 있다. 내친 김에 앞으로 3천 팔로워, 5천 팔로워를 거쳐서 1만 팔로워를 가진 인플루언서가 되고자 한다. 그래서 겸손한 대중성으로 선한 영향력을 가진 인플루언서로서 시대와 사람을 끌어안으며 미래를 예측하며 준비하는 모든 이들에게 조금이나마 도움이 되고 싶다. 그리고 무엇보다 나에게 일을 맡겨주신 공공기관, 지자체, 기업, 단체들에게 선의의 홍보대사가 되어서 조금이나마 보탬이 되고 싶다.

SNS를 체계적으로 배워나가는 재미가 쏠쏠하다. 이제 1만 팔로워를 가진 인스타그램의 인플루언서가 되어 있는 나를 상상해보는 것만으로도 무척이나 즐겁다. 가보자. 한다면 하는 거 아니겠는가?

2장

뻔하게 만들다

_ 본질에 다가가기

사람들에게 감동을 제공하라

뭔가 부족하다

베트남 호치민에서 남쪽으로 125킬로미터 떨어진 곳에 붕따우라는 항구도시가 있다. 우리에겐 호치민과 가장 가까운 휴양지로 익숙한 도시, 바로 그곳에 포스코베트남이 자리하고 있다. 2006년 붕따우 푸미 공단에 문을 연 포스코베트남은 연간 120만 톤 규모의 생산 능력을 갖춘 동남아 최대 냉연공장이다.

2009년 포스코가 베트남 붕따우 푸미 공단에 냉연공장을 준공했을 때 우리 회사가 준공식을 맡게 됐다. 2007년에 기공식을 성공적으로 치뤄내고 2년 만에 다시 재회한 셈이다. 보통 준공식은 무대에서 진행되는 공식 행사 후, 시설 투어, 귀빈들과 오찬 순으로 이루어진다. 직원들은 늘 진행하던 대로 계획했고 나 역시 익숙하게 그 계획들을 읽어내려갔다.

"대표님, 이대로 진행하면 될까요?"

"그럴……까요?"

평소와 같은 명쾌한 오케이 사인이 아니라는 것을 눈치챈 직원들이 나를 살폈다. 흠잡을 데 없는 계획서였지만, 뭔가 하나가 빠진 것 같았다.

"잠깐만요."

직원들을 물리고 책상에 앉아 곰곰이 생각했다.

'국내 행사도 아니고 베트남인데…….'

가장 먼저 떠오른 것은 무더운 날씨와 파리 떼였다. 파리가 날리는 직원 식당에서 전 세계 귀빈들을 대접할 순 없었다. 그럴싸하게 직원 식당을 꾸미면 되는 게 아닌가 싶어 머릿속으로 상상을 해봐도 이내 부족함을 느꼈다. 게다가 이토록 멋지고 자랑스러운 시설을 공식 행사 1시간 동안 보고 끝낸다는 것은 더욱 아쉬웠다.

다시 직원들을 소집했다. 우리가 그동안 해오던 준공식과 오찬 행사에서 좀 더 확장 해보자고 제안했다. 직원들의 걱정이 쏟아졌다. 국내에서 진행한다면야 뭐든 시도해보겠지만, 해외는 변수가 너무 많다는 것이다. 또 주최 측에서 요청한 것도 아닌데 왜 우리가 더 해야 하는 것이냐고도 했다. 설마 파리 날리는 오찬장을 우리가 준비할 거라고 생각하는 거냐고 아쉬운 소리도 했다. 직원들의 팽팽한 의견에 나는 다음 날 베트남으로 날아갔다.

붕따우, 바람과 배

붕따우(Vũng Tàu)는 정말 멋진 도시였다. 호치민에서 남쪽으로 120킬로미터 정도 떨어진 곳으로 삼면이 바다인 항구도시였다. 어느 쪽으로 고개를 돌리든 푸른 바다와 작고 큰 산들이 보였다. 크게 심호흡을 할 때마다 맑은 공기를 느낄 수 있었다. 근처 카페에 자리를 잡고 앉아 아이디어를 위해 종이에 대충 끄적거렸다.

"붕따우. 붕따우. 그런데 붕따우가 무슨 뜻이지?"

인터넷으로 검색해보니 '붕'은 '바람'이고 '따우'는 '배'라는 뜻이었다. 항구도시다운 이름이었다. 그때 그해 유행한 드라마 대사가 번뜩 떠올랐다. '바람과 흰 천만 있다면 어디든지 갈 수 있어.'

"배를 빌리자!"

내 계획은 이랬다. 고급 유람선에서 준공된 냉연공장과 주변 경관을 바라보며 오찬을 하는 것이다. 그렇게 되면 각국에서 오는 귀빈들을 만족시킬 고급스러운 오찬장은 물론이고, 냉연공장도 계속 볼 수 있다. 급히 붕따우에 우리가 원하는 크기의 유람선이 있는지 알아보았다. 수소문한 결과 붕따우에서는 구할 수 없고, 호치민에 가야 겨우 구할 수 있다고 했다.

"구할 수 있긴 한다는 거지?"

"대표님, 호치민에 배가 있다니까요?"

"호치민에서 끌고 내려오면 되는 거지, 뭐가 문제야."

장고 끝에 악수 둔다는 말이 있다. 너무 한 가지에 깊이 사로잡히면 판단력이 흐려진다는 뜻이다. 우리 직원들이 나를 보는 눈빛이 딱 그랬다. '대표님이 베트남에서 더위를 잡쉈나'라는 소리가 목 끝까지 차오른 표정이었다.

맞다. 아무도 특별한 오찬장을 마련하라고 시키지 않았다. 하지만 나는 누구보다 정성껏 손님을 대접하고 싶었다. 그냥 차려주는 것이 아니라 극진히 대접하고 싶었다. 주최 측의 요청 사항, 즉 오찬을 제공해하는 것은 당연히 해야 하는 일이다. 거기에 정성을 보태고 싶었다. 마치 나의 손님인 것처럼 어떻게 해야 만족과 감동을 드릴 수 있을지 생각하고 또 생각했다. 내가 이렇게 기발한 사람이라고 생색을 내고 싶어서? 다음 계약도 잘 부탁드린다는 의미에서? 행사를 모두 마친 후에는 그렇게 말할 수도 있겠지만, 준비하는 순간만큼은 어떻게 해야 감동을 줄지만을 생각할 뿐이었다.

다 되기 마련이다

처음에는 내 계획을 버거워하던 직원들도 이제는 새로운 계획에 발 벗고 나서기 시작했다. '그게 가능합니까?' 몇 번이고 되묻던 주최 측도 마음을 바꿔 기꺼운 신뢰를 보냈다.

결국 나는 호치민에서 유람선을 섭외했다. 배는 행사 하루 전날 붕따우로 이동하기로 했다. 나는 핵심 직원 두 명을 호치민으로 파견해서 현장까지 배를 책임지고 가져올 수 있도록 당부했다. 그들의 말에 따르면 붕따우로 오는 3시간 내내 정말 이 배는 붕따우에 도착할는지, 한강 유람선도 아니고 베트남에서 이게 무슨 일인지 멀미 아닌 멀미를 해댔다고 했다.

행사 당일 준공식은 물론이거니와 냉연공장을 바라보며 즐기는 오찬은 가히 성공적이었다. 공장 준공식에 와서 유람선을 탈 줄은 상상도 못했던 귀빈들은 "원더풀"을 외쳤다. 아직도 배에서 바라본 공장의 모습이 선명하다.

그러나 준공식은 귀빈만을 위한 시간이 아니다. 나는 포스코 베트남의 현지 직원들을 위해 특별한 시간을 준비했다. 베트남 현지에서 채용된 직원은 약 600여 명이었는데, 이들은 포스코에 입사한 것을 매우 자랑스럽게 여겼다. 어떻게 하면 이들의 프라이드를 고취할 수 있을까 고민하다 생각해낸 것이 가족 초청 콘서트였다. 가족들과 함께 즐길 수 있는 콘서트가 열린다면 그들의 감동은 배가될 것이 분명했다.

호치민에서 가져온 유람선

이미 준공식 행사를 위한 무대, 음향, 조명, 영상, 특수효과 등 주요 연출 장비들은 다 갖춰진 상태였다. 사실상 가수만 섭외하면 되는 일이었다. 아이디어가 떠올랐다면 주저할 것이 없다. 즉시 베트남의 인기가수를 섭외했고, 주요 방송사와 함께 콘서트를 진행했다. 콘서트가 어땠는지는 굳이 말하지 않겠다. 현지 직원의 가족들을 모셔왔던 셔틀버스 몇십 대가 웃음으로 가득 찼고, 우리 역시 그들의 모습을 보며 행복했다.

적당한 만족은 계약의 이행에 불과하다. 최선을 다하는 것과 만족을 구하는 것은 다른 접근이다. 만족에는 함량이 있다. 적정치를 넘어서면 어떤 불만도 나오지 않는다. 즉, 잔금을 받는 데

지장 없는 행사들이 그런 것들이다. 그러나 난 늘 현장에서 기대를 넘어선 그 이상의 감동을 원한다. 사람을 향한, 사람을 위한, 사람에게 극진하게 다가가는 그런 마음 말이다. 이러한 마음이 있으면 결국 다 되기 마련이다. 뜻이 있으니 길이 있기 마련 아니겠는가?

포스코의 철로 베트남의 별이 되다

준공식을 준비하면서 기억에 남는 것이 참 많다. 그중 하나가 준공 기념 조형물을 제작 설치하는 것이었다.

법인장님과 담당 부장님이 나에게 간단한 질문을 던졌다.

"대표님, 조형물의 형태가 어떠면 좋을까요?"

협력사 대표에게 지나가며 건네는 정도의 말이었다. 그러나 나는 왜 조형물을 만들려고 하는지, 어떤 의미를 담고 어떤 기능을 했으면 좋을지 등 자세히 묻고 고민에 들어갔다. 직원들의 핀잔이 또 시작되었다. 이미 준공식 오찬 행사에 쓰일 유람선을 호치민에서 붕따우까지 이동시킬 계획을 세워서 여러 사람을 힘들게 하고 있었기 때문이다.

"사장님, 저희가 조형물 전문가도 아니고 구조물 전문가도 아니고 인테리어 전문가도 아니고 이래저래 할 일도 많은데 왜 그 고민까지 하고 계신 거예요?"

직원들을 귀찮게 하려고 하는 게 아니었다. 우리는 기획사가 아닌가? 기획은 생각할 수 있는 힘만 있으면 얼마든지 할 수 있는 게 아닌가? 혼자 깊이 생각에 들어갔다.

포스코는 철을 생산하는 기업이다. 포스코는 베트남에 진출했다. 베트남의 국기에는 별이 새겨져 있다. 생각이 생각으로 이어졌다. 어느 순간 '옳다구나!' 하며 번뜩이는 아이디어가 떠올랐다.

'포스코의 철로 베트남의 별이 되어라!'

나는 이 문장을 메모지에 적고 옆방에서 자고 있는 후배를 깨웠다. 냉연공장 VIP 쇼룸을 제작하기 위해 합류해 있던, 홍대에서 시각디자인을 전공한 친구였다.

"상화야, 상화야. 일어나봐."

눈을 비비고 마지못해 상화가 일어났다.

"이 새벽에 무슨 일인데요?"

상화가 놀란 눈으로 나를 바라봤다. 나는 너무 흥분된 나머지 목소리를 높였다.

"상화야, 내가 너무 실현해보고 싶은 게 있는데 네가 그걸 좀 멋있게 표현해줘야겠어."

"기차 화통을 삶아 드셨나! 이 새벽에 작게 좀 말해요."

"너도 알다시피 오전에 법인장님께서 조형물 때문에 고민을 많이 하셨잖아. 그래서 나도 하루 종일 고민을 좀 해봤는데, 내가 내린 결론은 '포스코의 철로 베트남의 별이 되다'야. 그러니 네가

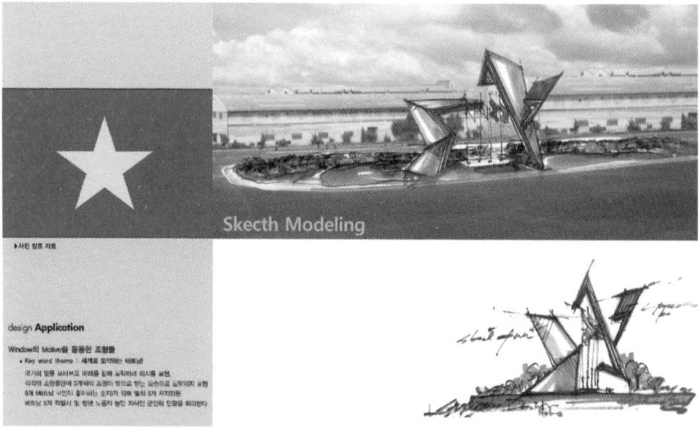

포스코 베트남의 별 스케치

멋있게 이걸 표현해주고, 제작할 수 있는 방법을 찾아보자."

그렇게 우리가 밤새 나눈 이야기는 전문 디자이너의 스케치로 이어졌다. 정면에서 바라보면 베트남 국기에 새겨져 있는 별 모양이고, 위에서 바라보면 사람과 사람이 서로 기대고 있는 사람 인(人) 자 모양이었다. 그것의 소재는 당연히 포스코의 철이었다.

나는 해가 뜨자마자 법인장님 사무실 문을 두드렸다. 하룻밤 사이에 그림까지 그려온 나를 보며 법인장님과 담당자들은 입을 다물지 못했다.

"하늘에서 디자인이 떨어졌습니까?"

"황새가 물어다주던데요?"

실없는 농을 던졌지만 그들은 일사천리로 기획하고 디자인을 해서 가져온 나의 스피드에 놀라움을 금치 못했다. 게다가 겉만 그럴싸한 디자인이 아니라 본질을 꿰뚫는 혜안까지 있었다. 그렇게 해서 세워진 포스코의 철로 만든 조형물은 지금도 베트남의 별이 되어 붕따우 하늘을 향해 드높이 세워져 있다.

나는 기획자이면서, 제작자이면서, 연출자이기도 하다. '언제, 누가, 어디서, 무엇을, 어떻게, 왜 그리고 얼마에 하고 싶어 하는가?'를 절묘하게 조화시켜야 하는 숙명을 타고났다. 그렇게 고심해서 세운 기획이기에 몇십 년까지는 아니어도 몇 년은 유지하면 참 좋겠는데 우리의 일은 늘 사람도, 장소도, 목적도, 방법도 일정하지 않다. 그럼에도 여전히 의미 있게 서 있으니 그때의 감동이 계속해서 많은 이들에게 전해질 것이라 믿는다.

미지의 분야도 주저 없이 개척하다

'미디어파사드'는 미디어(media)와 건물 외벽을 뜻하는 파사드(facade)의 합성어로 건물의 외벽에 다양한 영상을 투사하는 기술이다. 영상 디스플레이를 벽에 부착하여 영상을 구현하던 기존의 방식에서 발전해 건물의 벽면 자체를 스크린으로 활용해서 미디어 기능을 구현하는 방식이다. 이렇게 설명만 들으면 생소해 보이지만, 우리 주변 곳곳에서 미디어파사드를 볼 수 있다. 가깝게는 매일 저녁 서울역 건너편 서울스퀘어에서, 멀게는 불꽃놀이와 함께 신데렐라 성에서 상영되는 디즈니랜드의 미디어파사드를 꼽을 수 있다.

우리 회사가 서울시청 벽면에 미디어파사드를 실행했던 때는

2008년이었다. 미디어파사드라는 단어조차 생소한 시기였다. 서울시는 2003년부터 하이서울페스티벌(Hi Seoul Festival)이라는 축제를 개최했다. 관 주도의 축제 성격을 버리고 시민이 스스로 만들고 참여하는 축제를 지향하며 2015년까지 지속되었다. 2016년부터 서울거리예술축제(Seoul Street Arts Festival)로 명칭이 변경되어 지금까지 이어져오고 있는 서울특별시의 대표 축제이며 아시아 대표 거리예술 축제를 지향하고 있다.

하이서울페스티벌에 정말 볼거리들이 많았지만 쇼의 백미는 구 시청사 벽면에서 펼쳐지는 'PIGI 영상쇼'였다. 잔디광장에 삼삼오오 모여 앉아서 시청사 벽면에서 뿜어져 나오는 아름다운 영상미에 혼을 뺏기곤 했다. 어찌나 아름답고 몽환적이며 환상적인지 초등학교 시절 컬러 TV를 처음 봤을 때 너무 신기하고 행복했던 그 마음이 그대로 재현되는 것 같았다.

특히 2005년 PIGI 영상쇼는 프랑스 영상 미학의 대가 장미셸 켄의 역작을 감상할 수 있는 절호의 기회였다. 이것은 동전의 양면 같았다. 세계적으로 유명한 대가의 작품을 볼 수 있는 행복도 있지만 그러다 보니 초청 비용과 작업 의뢰 비용이 매우 비싸다. 그러나 더더욱 신경이 쓰인 부분은 대한민국의 대표 축제라고 할 수 있는 하이서울페스티벌의 메인 행사가 외국의 연출자에게 맡겨진다는 것이 우리 업계의 아쉬움이자 불만 요소이기도 하다는 것이었다.

그때 마침 업계의 맏형뻘 되시는 김정로 사장님이 외국 유학에서 돌아오셨는데 미디어파사드 부분에 많은 경험을 가지고 그 노하우를 우리 회사에 전수해주셨다. 결국 PIGI 영상쇼는 조명기구를 이용하는 조명쇼다. 움직이지 않는 사물을 움직이는 것처럼 보이게 하는 트릭 요소가 있다. 그런데 조명기구에 필름을 끼워서 투사하는 방식이다 보니 표현에 한계가 있고, 같은 스토리를 제작해도 비용이 훨씬 비쌀 수밖에 없었다.

그래서 우리는 건물에 실제 영상을 상영하자고 결의했고 쉽고 저렴하면서 감동은 배가되는 진정한 미디어파사드를 기획했다. 그리고 입찰 과정을 거쳐서 결국 서울시청 구청사의 벽면에 서울 사람들의 이야기를 담은 미디어파사드를 실행할 수 있게 되었다. PIGI 영상쇼의 연출 현장에 참여하셨던 국내 시스템 협력업체 사람들의 이야기를 종합한 내 추측이긴 하지만 모르긴 몰라도 우리의 미디어파사드는 매우 저렴한 가격으로 알차게 만들어낸 수준급 역작이었다.

서울광장에 피어난 꽃

'서울광장 8시, 문화 꽃이 피었습니다.' 내가 제안한 슬로건이다. 매일 밤 8시 서울광장에는 그동안 경험하지 못한 새로운 영상 쇼가 시작되었다.

서울광장 미디어파사드

영상이 구현되는 옛 시청사 벽면은 길이 60m, 높이 20m의 어마어마한 규모였다. 더욱이 현대식 건물의 시청사와 옛날식 구 시청사의 언밸런스한 조합은 영상미를 극대화했다. 하지만 눈을 사로잡는 현란한 영상미만으로는 부족했다. 언제나 나의 관심은 '의미'에 있었다.

5분 동안 상영되는 영상을 통해 무슨 이야기를 할까? 매일 밤 고민하고, 회의하고, 토론했다. 서울광장을 오가는 우리의 이웃들에게 미디어파사드를 통하여 일상의 고단함을 위로해주고 싶었다. 그러한 고민을 담아 완성된 스토리보드는 다음과 같다.

"서울을 깨우다(Awake) - 달리다(Run) - 춤추고 노래하다(Sing

and dance) -추억하다(Reminisce) - 살아 숨 쉬다(Revive)”

월드컵의 환호로 물들었던 서울광장의 역동을 시작으로 서울광장의 봄, 여름, 가을, 겨울의 모습을 온전하게 담았다. 그리고 인문, 철학, 교육, 역사, 문화, 스포츠 등 서울이 품고 있는 이야기들과 그 서울을 터전으로 살아가는 사람들의 일상을 담았다.

옛 시청사의 도면 위에 한땀 한땀 수를 놓듯, 시청 벽면에 선과 선을 잇고 면과 면을 이었다. 그리고 우리의 마음이 이웃들에게도 이어지기를 바랐다. 지금 생각해도 가슴이 설렌다. 또 자랑스럽다. 해가 뉘엿뉘엿 저물어가던 5월의 어느 날, 서울광장에 모여 있던 사람들에게 선보인 서울 이야기였다.

조명으로 뮤지컬 해봤어?

2010년 동탄 메타폴리스가 오픈하며 한 달간의 문화 행사를 우리에게 의뢰했다. 엠넷의 슈퍼 콘서트를 비롯하여 크고 작은 문화 행사들이 많았지만 가장 눈에 띄었던 것은 단연코 우리 회사가 제안한 ‘라이팅 뮤지컬 쇼(Lighting musical show)’였다.

나는 건물 외벽에 초소형 조명을 2만 개 이상 설치했다. 그리고 조명 하나하나가 음악에 맞춰 움직이도록 연출했다. 100m가 넘는 길이의 조명들이 선율에 맞춰 색색이 변했다. 우리 회사는

라이팅 뮤지컬 쇼

독보적인 쇼 컨트롤 시스템을 갖추고 있었는데, 이는 조명의 변화를 100분의 1초로 나누어 연출할 수 있는 극강의 세밀함이었다. 때마침 겨울이라 사람들이 조명을 보고 느끼는 감동은 배가됐다. 추운 겨울 화려하게 반짝이는 트리 조명에 마음이 설렌다면, 우리의 '라이팅 뮤지컬 쇼'는 사람들을 흥분시키기에 충분했다.

이처럼 나는 새로운 분야, 새로운 기술, 새로운 사업에 대한 두려움 없이 그 분야에 대한 투자를 아끼지 않았고, 나름의 성과를 거두었다. 회사는 끊임없이 진일보했다. 이벤트 영역에만 머무르지 않고 예술과 기술을 접목한 문화기술(CT, Culture Technology)의 영역으로 확장되었다. 우리 회사는 문화기술 분야의 새로운 블루칩으로 떠오르기 시작했다.

미지의 분야를 개척한다는 것은 큰 설렘도 있지만 위험 부담도 충분히 있다. 하지만 새로운 프로젝트를 시작할 때 우리는 대한민국에서 그 분야의 최고 전문가를 초청해서 함께 회의하고 협의하며 함께 길을 만들어나간다. 그것이 가장 핵심적인 일의 즐거움이자 보람이다. 우리가 만들어낸 것이 새로운 길이 되고 트렌드가 되는 것이므로 첫선을 보이는 현장의 묘한 긴장감은 나를 일에 더욱 매진하게 만든다.

누군가 보고 있고 누군가는 알아준다

2007년 5월 송도에서 잭 니클라우스가 직접 기획하고 설계한 잭니클라우스 골프장이 명명식을 가졌다. 인천경제자유구역의 또 하나의 명소로 자리매김을 하면서 송도 발전의 견인차가 될 행사를 앞두고 잭 니클라우스를 포함하여 인천광역시, 시의회, 유관기관, 시행사, 시공사, 언론인, 지역민 등 다양한 사람들이 많이 참석해주었다.

이 행사를 마치고 바로 비행기를 타고 베트남 하노이로 넘어가야 한다. 바로 다음 날 하노이 북안카잉에서 포스코건설과 베트남의 국영건설사 비나코넥스와 합작으로 만들어지는 '북안카잉 신도시' 기공식을 성대하게 치러야 하기 때문이다. 잭 니클라우스가 자신이 직접 설계한 골프장의 기공을 기념하는 축하 티샷을 마치면 우리 일행은 다음 행선지인 하노이 비행기에 몸을 싣는다.

"사장님, 큰일 났습니다. 행사장이 다 무너졌습니다"

불길한 예감은 빗나간 적이 없다. 삶은 참 묘하다. 구구단처럼 외울 수도 없고 방정식처럼 공식이 있어서 응용해가면서 풀어낼 수도 없는 어느 한계점에 다다를 때가 있다. 그때가 바로 그 지점이었다.

행사 후에 숨 돌릴 틈도 없이 8시 비행기를 타고 약 4시간의 비행을 거쳐서 하노이에 도착했다. 출발하기 전에 국제전화로 현장을 체크했을 때는 모든 것이 완벽하게 준비되었고, 현장은 리허설 중이라고 보고받은 상태였다. 그런데 하노이에 도착하자마자 전화벨이 울렸다. 순간 불길한 생각이 스쳐 지나갔다. 그도 그럴 것이 직원들이 내가 마치 전화기를 켜기만을 기다렸다는 듯이 촉박하게 전화를 하는 일이 흔치 않기 때문이다.

아니나 다를까 전화기 너머로 다급한 소리가 들렸다.

"사장님, 큰일 났습니다. 갑자기 너무 강한 스콜이 내리쳐서 무대부터 대형 텐트 구조물, 영상 LED 시스템까지 모두 무너졌습니다."

나는 호흡이 가빠왔지만 애써 추스르며 가만히 들었다.

"다친 사람은 없어? 스콜이 사납고 무섭잖아? 다친 사람은?"

"대형 텐트 구조물이 넘어질 때 포스코건설에서 소리치며 피하라고 해서 무사히 다들 피해서 나오긴 했는데, 큰일 날 뻔했어요. 내일 행사는 못할 것 같다고 지금 대책회의를 하고 있는데, 김정희 사장님 언제 오시냐고 기다리고 계셔요."

답답했다. 차라리 어떻게 하자고 결론이 난 상태면 맘이라도 편할 텐데 이제 비행기로 현지에 도착한 사람한테 어떤 판단을 하라고 하는 건지 내심 답답하기도 하고 막막하기도 했다.

"알았어요. 지금 막 도착해서 공항이니까 30분 이내로 현장으로 갈게요. 거기서 만납시다."

나와 동행한 문 과장과 택시로 이동하면서 말없이 창밖만 바라보았다. 무거운 중압감과 책임감이 나를 눌렀다. 잠시 마음으로 기도했다. 현장을 바라보며 내일의 향방을 결정할 수 있는 지혜를 달라고. 그리고 행사를 해야 한다면 그 현장을 해결할 수 있는 도움의 손길을 꼭 얻을 수 있게 해달라고. 마음으로 간절한 기도를 드리며 나는 담대한 마음으로 현장으로 향했다.

현장은 정말 처참하도록 무너져 있었다. 초청객들이 앉을 대형 그늘막 텐트는 왼쪽이 완전 구부러져 내려앉았고, 무대 한쪽은 윙이 날아가버렸다. 당연히 무대 좌우에 세워져 있던 영상 상영을 위해 준비했던 LED 시스템도 무너져 있었다. 행사를 위해 준비해두었던 모든 제작물들이 여기저기에 널부러져 있었고, 직원들의 상기된 얼굴들이 한눈에 들어왔다.

포스코건설 임원들은 이러한 상태에서는 행사 진행이 불가하다고 판단을 내렸다. 그러나 베트남 국영 건설사인 비나코넥스는 절대 행사를 취소할 수 없다는 입장이었다. 아마도 대외적인 공신력과 양국 간 합작으로 이루어지는 초대형 프로젝트였기 때문에 그 시작을 이렇게 스콜 때문에 취소한다는 건 있을 수 없는 일이라고 판단한 것이다. 최종적으로 내일 아침 11시에 원안대로 행사를 진행한다는 결론이 났다.

그다음부터는 우리의 몫이었다. 나는 비나코넥스 회장님에게 인부 200명과 현장에 고여 있는 물을 빼낼 수 있는 기계들을 동원해달라고 부탁했다. 그리고 내일 아침 10시까지 행사장을 재구성할 수 있는 모든 지원을 해달라고 포스코건설에도 요청했다.

우리는 짧고 굵게 비상회의에 돌입했다. 나는 이 프로젝트의 총책임자로서 각 파트의 전문 감독들과 실무적인 협의를 거쳤다. 총연출, 아트디렉터, 무대감독, 운영감독, 음향, 영상, 조명, 중계, 특수효과, 무대, 제작물, 운영, 의전, 소품, 출연진 관리, 사회자까지 모두 한자리에 모여서 시간대별로, 그리고 포지션별로 우리가 해야 할 일들을 서로 협의하며 업무 분장을 했다.

우리가 비나코넥스에서 지원받은 기계와 인력으로 현장이 시시각각 행사장으로 다시 변화되어가는 모습을 보면서 "정말 대단하다. 지금 스콜로 무너진 행사장 현장에 가시면 월드가 보여 주고 있는 신화 창조 생방송을 보실 수 있다"라고까지 말할 정도였다. 그만큼 우리는 일반인들은 상상도 할 수 없을 정도의 의지와 열정을 가지고 무너진 현장을 새롭게 재탄생시킨 것이다.

물론 모든 것이 온전하게 세워진 것은 아니다. 왼쪽의 무너진 무대는 대형 현수막을 출력해서 오른쪽의 날개처럼 균형을 맞추었다. 정말 멀리서 보면 양쪽이 모두 정상적인 무대처럼 보였다. 이런 식으로 완벽하지는 않아도 우리는 동이 터오는 새벽까지 그 현장을 새롭게 단장하고 아침을 함께 맞이했다. 누구랄 것도 없이 모두 다 함께 한마음으로 말이다.

"우리는 포스코 해외법인장들입니다"

행사는 성황리에 끝났다. 나의 고집으로 서울에서 모든 인력과 장비를 동원해서 하노이로 움직였던 것이 이 위기를 잘 극복할 수 있었던 성공의 포인트이기도 했다. 왜냐하면 이 어려움을 겪을 때 한마음으로 일사분란하게 움직일 수 있었던 힘은 위기의식에 대한 공감과 이 행사를 잘 치러내야 한다는 프로 의식 그리고 우리가 그간에 쌓아왔던 긴밀한 호흡에서 비롯되었다고 생각한다.

포스코건설의 핵심 슬로건이었던 'You Dream We Build'를 주제로, 마지막 주제 퍼포먼스를 펼치면서 만감이 교차했다. 여기저기 구석구석 조금씩 엉성하게 보이는 곳은 있었지만, 그래도 스콜 때문에 아작이 난 현장에서 단 10시간 만에 이렇게 행사를 할 수 있는 장소로 탈바꿈시켜서 성공적으로 마무리할 수 있는 저력이 우리에게 있다는 것이 너무 자랑스러웠다.

그렇게 나 혼자 감격에 겨워 무대를 바라보고 있을 때 몇 분이 나를 찾아왔다.

"김정희 사장님이십니까?"

"네, 그런데요. 누구신지요?"

"저희는 포스코베트남 그리고 포스코멕시코 법인에서 온 사람들입니다. 오늘 행사를 너무 인상적으로 잘 봤습니다."

"네, 감사합니다. 여러 가지 부족한 게 많은데 좋게 봐주셔서 너무 감사합니다."

"사실 저희 어제저녁부터 현장에서 김 사장님과 직원들을 계속 지켜봤는데 너무 감동적이었습니다. 행사도 행사이지만 스콜이 월드의 잘못도 아닌데, 오늘 행사를 못하겠다고 하셔도 될 텐데 최선을 다해서 복구하려고 애쓰시는 모습에 정말 감동받았습니다."

"저희 혼자 했나요? 법인장님부터 모든 임직원분들이 함께해주셔서 그런 거지요. 협력사분들도 너무 고생이 많으셨지요. 이렇게 좋게 봐주셔서 감사합니다."

나는 그 순간 참고 있던 눈물이 터지고 말았다. 그렇구나, 세상에 공짜가 없구나. 누군가 보고 있고, 누군가는 알아주는구나. 오늘 이렇게 행사를 치러내서 모든 사람들이 행복해하는 것도 내게는 큰 보람이고 기쁨인데 또 다른 관점에서 그걸 감사하게 받아주는 사람이 있으니 너무나 감동스러웠다.

"저희도 올가을에 붕따우에서 그리고 멕시코시티에서 기공식이 있습니다. 이번 행사 끝나고 서울로 돌아가시면, 붕따우랑 멕시코시티에 한 번씩 방문해주시면 좋겠습니다. 행사를 김정희 사장님께 맡기고 싶습니다."

"네, 감사합니다. 꼭 찾아뵙겠습니다."

포스코가 그룹사이다 보니 자회사 행사가 있을 때는 관계사 임직원들이 많이 참석한다. 그래서 서로 정보도 공유하고 네트워크도 만든다. 행사 담당자들은 다음에 준비할 행사를 위해 참관도 하는데 이번 행사에 이렇게 많은 분들이 참관하러 왔을 줄은 몰랐다. 내겐 더없이 좋은 기회였다.

이렇게 해서 우리는 포스코베트남, 포스코멕시코의 중요한 행사들을 연이어 진행하게 되었다.

마음을 얻는 진심 비즈니스의 첫걸음

"나는 갑이고 너는 을이니 너는 내가 시키는 대로 해라"는 방식은 마음을 얻지 못한다. 마음을 얻지 못하니 당연히 공감할 수 있는 문제 해결의 방법론에 도달하지 못한다.

스콜로 인해 무너진 현장을 보면서 이런 상황인데 어쩌면 좋으냐고 물어보면서 문제의 본질에 함께 다가가는 것이 공감을 얻는 가장 좋은 방법이자, 마음을 얻는 진심 비즈니스를 이끄는 첫걸음이다.

"김정희 사장님, 어떡하면 좋을까요?"

그때부터 내 마음은 활짝 열렸다.

"포기하지 말고 방법을 찾아보자고요."

물론 부담 백배였지만 말이다.

형태는 다르지만 본질적으로 이 변화무쌍한 현장에서 자신에게 일을 맡겨준 사람들에게 최고의 편의와 만족을 위해 자신의 최선을 다하는 이벤트 업(業) 관계자 선후배, 동료들에게 파이팅을 보낸다. 그리고 그들에게 명령하지 말고 물어보기를 권한다.

"어떻게 하면 좋을까요?"

맥시멈으로 일하기

명동의 어느 거리에서 귀인을 만나다

던힐 담배를 생산, 마케팅하는 BAT 그룹의 신년 킥오프 미팅 행사를 진행할 때의 일이다. 성공적인 행사를 위해 연출가, 작가, 아트디렉터 등 각 파트의 권위자들과 함께 머리를 맞대고 있었다. 행사는 순조롭게 준비되었고, 행사 총괄을 맡고 있던 영국 신사 제레미 역시 그 과정에 만족해했다.

행사를 며칠 앞두고 최종 점검을 하는데 제레미가 특별한 요청을 해왔다.

"우리 직원들에게 회사 로고가 새겨진 겨울 장갑을 주고 싶은데 가능합니까?"

"천 개 정도 준비하면 되겠지요? 알겠습니다."

얼른 장갑 공장에 가야겠다 싶어 엉덩이가 들썩이는데 제레미가 한마디 덧붙였다.

"그런데 꼭 BAT의 시그니처 색상을 사용하고 싶습니다."

"네, 알아보겠습니다."

나는 각방으로 수소문하며 같은 색의 원단을 찾아 헤맸다. 헤맸다는 표현이 정확하다. 우리 회사의 직원뿐 아니라 BAT의 직원들도 동대문종합시장의 원단 가게를 칸칸이 돌아다녔지만 국내에서 그 원단을 구할 수 없었다. 해외에는 있다지만 주어진 시간은 턱없이 부족했다. 소식을 전해들은 제레미도 '그냥 제안일 뿐이었다'며 다른 것으로 바꾸자고 했다. 그러나 나는 포기하지 않았다. 제레미가 원하는 그 원단을 찾아 장갑을 만들어주고 싶었다. 하지만 없는 원단이 갑자기 생길 리 만무했다.

마지막이다 생각하고 들른 명동의 어느 거리 장갑 가게 사장님도 포기하라고 했다.

"무슨 일인지는 모르겠지만 그렇게 희귀한 색도 아닌데 없는 거면 진짜 없는 거요. 여기 따뜻한 커피나 한 잔 타줄 테니 먹고 가시오."

나는 허탈하게 앉아 종이컵에 담긴 믹스 커피만 홀짝였다. 그때 내 눈에 번쩍 섬광이 스쳤다. 그 가게에 납품을 하러 온 분의 손에 정확히 그 원단 그 색이 있는 것이다. 나는 그분의 손을 덥석 잡고 외쳤다.

"이 원단 더 갖고 계신가요?"

"아, 이거 이제 생산이 끝났어요. 그래서 못 찾으셨나 보네."

"더 이상 못 구하나요? 저 좀 도와주세요."

낯선 처자에게 난데없이 손목을 잡힌 사장님이 껄껄 웃었다.

"생산은 안 되는데, 공장에 재고가 좀 있을 데니 알아볼게요. 얼마나 필요하신가요?"

잠시 후 놀랍게도 우리가 장갑을 만들 만큼만 원단을 갖고 있다는 소식을 들었다. 그리고 행사 당일 직원들 손에는 모두 그 장갑이 쥐어져 있었다.

어디든 간다

2006년에 디즈니랜드 마케팅팀과 미팅을 한 적이 있다. 디즈니랜드 내에 있는 월드 파빌리온에 한국관이 없었기 때문이다. 1988년 서울올림픽을 시작으로 대한민국은 전 세계에 알려졌고, 2002년 한일월드컵을 기점으로 IT 기술과 한류라는 문화의 정체성을 강력히 드러냈다. 그런데 디즈니랜드에 일본관, 중국관은 있는데 아직까지 한국관이 없다는 건 말도 안 되는 일이었다.

몇 개월 진행되는 해외 박람회에 한국관이나 주제관을 지어도 그 효과가 상당한데, 전 세계인들이 사랑하는 디즈니랜드에 한국관을 짓는다면 그 가치는 상상 초월일 것이다. 이것이 실행된다면 한국관광공사, 문화관광부를 비롯해 국내 기업 누구와도 의미 있는 일을 할 수 있을 거라고 판단했다.

그래서 나는 디즈니랜드 마케팅팀에 메일을 보냈다.

"안녕하세요, 디즈니랜드 마케팅팀 여러분. 저는 대한민국의 월드커뮤니케이션즈라는 회사의 김정희 대표입니다. 올랜도 디즈니랜드 내의 에프콧 센터(ECOPT Center)에 있는 전 세계 여러 나라들의 파빌리온을 인상적으로 보았습니다. 그런데 한 가지 의문 사항은 현재 한류라는 문화의 흐름을 주도하고 있는 대한민국의 파빌리온이 없다는 것입니다. 이에 디즈니랜드 에프콧 센터 내에 한국 홍보관을 짓는 일에 대하여 한번 논의드리고 싶습니다. 회신을 주시면 저희의 생각을 정리해서 한번 찾아뵙도록 하겠습니다."

디즈니랜드에서 답신이 왔다.

"서로 의견을 나누어볼까요?"

나는 곧장 미국 플로리다로 날아갔다.

디즈니랜드 마케팅팀은 우리를 위해 많은 서비스를 제공해주었다. 작은 케이터링 서비스, 친절한 프레젠테이션, 담당자 해설을 들으며 즐긴 디즈니랜드 투어, 태양의 서커스 공연을 관람하며 맛본 디즈니랜드의 디너, 사파리 안에서의 여유 있는 숙식 등. 또 테마파크의 콘셉트와 지향점, 모범적 협력과 같은 비즈니스 모델에 대해서도 설명해주었다. 참으로 감격적인 순간이었다.

우리도 디즈니랜드에 찾아온 이유와 사업계획에 대하여 간략하게 설명했다.

우리가 추진하고자 하는 프로젝트명은 플로리다 디즈니-에프콧(Epcot)에 있는 '한국관' 건립에 관한 건이다. 한국관을 건립하려고 하는 이유는, 세계 최고의 테마파크인 디즈니랜드에 중국, 일본의 파빌리온은 들어와 있는데 그 나라들과 비교해도 손색없는 우수하고 창의적인 콘텐츠를 가진 한국관은 없기 때문이다. 특히 대한민국은 더 이상 저개발국가가 아니며 자국에 대한 홍보를 전 세계적으로 다양한 방법으로 하고 있고 글로벌 홍보에 대한 열망이 강하다. 아울러 많은 한국 기업들이 글로벌 기업으로 성장했으며 삼성, 현대, LG 등의 기업은 미국 시민과 전 세계적으로 찾아오는 관람객들을 대상으로 하는 마케팅을 할 수 있다.

이어서 디즈니랜드와 대한민국이 서로 윈윈할 수 있는 포인트를 설명했다.

디즈니랜드는 꽤 뛰어난 파빌리온을 무료로 갖출 수 있다.

한국관 콘셉트 개념도

그것은 매우 독특한 문화와 첨단 디지털 상호작용으로 볼 수 있는 매력적인 요소를 디즈니랜드에 제공할 것이다. 아울러 브로드웨이를 강타한 글로벌 인기 콘텐츠 난타의 리듬과 태권도의 로열 코스튬이라 할 수 있는 마샬 아트 등 춤, 고유 의상과 고유 식문화 등 한국적인 콘텐츠를 제공받을 수 있다.

그리고 IT 강국인 대한민국은 IT 산업에서 선도적인 국가로서 인터랙티브 인터넷 게임 등 전 세계인의 흥미와 관심을 고조시킬 수 있는 디지털 컨버전스 콘텐츠를 지속적으로 제공할 수 있다는 점을 강조했다. 대한민국이 얻는 이점으로는, 꾸준하고 지속적인 매체(디즈니랜드내 한국관 파빌리온)를 통해 대한민국 소개, 교류, 마케팅을 할 수 있다는 것이고, 그것은 한국의 우수한 문화 콘텐츠 및 제품을 지속적으로 선보일 수 있다는 큰 장점이 있다고 설명했다.

디즈니랜드는 우리의 이야기를 흥미 있게 들었고, 파빌리온을 지으면 한국관의 콘텐츠는 우리 회사가 제공하고, 운영은 디즈니랜드가 하는 것으로 제안했다. 디즈니랜드 측에서는 파빌리온을 짓는다면 약 1,500억 원 규모라고 했다.

한국으로 돌아온 지 일주일 뒤 디즈니랜드로부터 전화가 왔다. 새로운 파빌리온은 지을 자리는 2개 정도 남아 있는데 대표가 그 공간은 향후를 위해서 남겨두고 싶다고 해서 아쉽게 되었다는 내용이었다. 그러나 당신과 월드커뮤니케이션즈의 창의력과 추진력, 실행력에 경의를 표한다는 말을 전했다.

디즈니랜드로 날아간 이유

우리는 2012년 여수세계엑스포를 통하여 전 세계인들의 축제를 경험한 바 있다. 이처럼 4년마다 국가별로 돌아가면서 엑스포를 유치한다. 그렇게 되면 각 나라를 대표하는 한시적인 파빌리온이 세워지는데 2~3개월간 운영하게 될 한국관을 짓는 데 약 600억~1,000억 원이 소요된다는 것을 이미 알고 있었다. 거기에 운영을 위해 투입되는 인력, 물자까지 고려한다면 어마어마한 금액이다.

이렇듯 한시적인 한국의 주제관을 짓고 허무는 데도 몇백 억 원이 드는데, 지속적으로 성장하며 경영이 가능한 디즈니랜드에 한국관을 지어서 운영한다면 엑스포를 찾아오는 관람객들에게 우리 문화를 선보이는 것처럼 전 세계의 각 나라에서 방문하는 남녀노소 누구에게나 대한민국의 우수한 문화와 IT 기술, 삶의 모습들을 안정적으로 선보이는 데 매우 효과적이라는 생각이 들었다.

그래서 아무도 다녀오라고 하지 않았고 많은 비용과 시간이 소요되었지만, 디즈니랜드에 방문하기로 결정했던 데는 내 나름의 소명감과 사업적인 마인드가 있었다.

비록 성사되지는 않았지만 내겐 의미 있는 도전이었다. 디즈니랜드에서 한국관 설립을 허락했다면 한국관광공사, 문화체육관광부, 기업들을 대상으로 이 프로젝트를 관철시키기 위해 노력했을 30대의 나의 모습이 눈에 선하다. 아름다운 기억이었다.

본질로 승부하고
가치를 팔아라

가치를 파는 프레젠테이션

프레젠테이션(PT)은 어떤 목적을 가지고 그 자리에 있는 청중을 설득하는 총체적인 과정이다. 참으로 오랜 시간 PT를 해왔다. 횟수로 따지자면 지난 20년간 한 달에 두 번씩만 계산해도 약 500여 회다.

일반적으로 PT는 경쟁 입찰 과정에서 우리의 철학과 가치, 업무 수행 능력을 나타내 입찰을 성공시키는 핵심적 부분이다. 그리고 수주한 후에는 착수 보고를 시작으로, 중간 실행계획 보고, 운영 매뉴얼 보고, 특별 임원 보고 등이 PT로 진행된다. 순위를 다투며 1등을 해야만 하는 경쟁 PT가 힘들기는 해도 긴장감이나 짜릿함에 있어서 제일 맛깔난다.

나의 PT 승률은 약 80퍼센트 이상이다. 10개를 PT 하면 8개 이상은 1등을 했다. 개인적으로 또 회사에서도 엄청난 실적이며 자랑거리다. 승리의 비결은 무엇이었을까? 나는 어떤 프로젝트든지 그것이 지닌 가치를 팔았다.

2009년 인천에 위치한 글로벌대학캠퍼스 기공식 수주를 위해 여러 심사위원 앞에서 PT를 진행할 때였다. 한 분이 이런 질문을 던졌다.

"글로벌대학캠퍼스 프로젝트를 한마디로 표현해주실 수 있을까요?"

"꿈을 접지 않아도 되는 프로젝트입니다."

나는 자신 있게 대답했다.

"왜죠?"

"요즘 해외로 유학 가고 싶어 하는 학생들이 많습니다. 그러나 현실은 녹록지 않습니다. 경제적 이유로 많은 젊은이들이 꿈을 접고 있습니다. 그래서 이 프로젝트는 꿈을 접지 않아도 되는 희망 프로젝트라고 생각합니다."

"조금 더 설명해주실 수 있으실까요?"

"2008년부터 시작된 글로벌 금융위기로 유학의 꿈을 접어야 하는 개인과 가정이 무척이나 많음을 압니다. 오늘 아침 뉴스에도 기러기 아빠의 자살 소식이 들리지 않았습니까? 그런데 글로벌대학캠퍼스는 해외로 나가 비싼 학비를 내지 않으면서도 세계 유명 학교들의 우수한 커리큘럼과 교수진들로부터 최고의 교육을 받을 수 있게 해줍니다. 그뿐만 아니라 학점 관리나 졸업장도 본교와 호환될 수 있으니, 가족과 떨어져 해외로 나가지 않고 국내에서 자신의 꿈을 맘껏 펼쳐 글로벌을 향해 나아가는 징검다리이자 교두보라고 생각합니다."

당시 심사위원은 인천경제자유구역청의 핵심 멤버인 본부장님부터 본 프로젝트의 특수목적법인의 임원분들, 인천 지역 내의 지명한 석학들로 구성되었는데 내 대답이 끝났음에도 서로의 눈만 쳐다볼 뿐 아무도 이견을 제시하지 않았다.

"이렇게 우리 프로젝트를 명확하게 이해하신 분은 없다고 생각됩니다."

"우리가 감사할 따름입니다."

"다른 분들은 프로그램이 어떻고, 사회자가 어떻고, 연예인이 어떻고 했는데, 월드의 시각은 참 다르군요."

칭찬이 이어졌다. 먼저 내가 지금 마주하고 있는 프로젝트의 가치를 정립하고 나면 그 가치에 맞게 프로그램이 도출되는 것이 순서이다. 거꾸로 갈 수는 없다. 오늘도 프레젠테이션을 준비하는 모든 기획자들에게 말하고 싶다. 먼저 내가 마주한 프로젝트의 가치를 파악하고, 그것을 선명하게 정리하라. 그것을 정확하고 단호한 어조로 말해야 상대가 감동할 것이다.

스토리와 자신감

"대표님, 오늘 프레젠테이션이 너무 환상이었어요. 심사위원분들 표정 보셨어요?"

"그래, 그렇게 말해주니 고맙다."

직원들이 날 다독이는 소리라고 생각하고 나도 성의 없게 대답했다. 내 눈치를 살피는 직원들을 위해 억지로 한마디 덧붙였다.

"컴퓨터에 오류가 있었어도 자신 있게 하니까 심사위원들이 더 믿어주는 거 같아. 까다로운 질문들도 다 대답할 수 있었던 게 좋았던 거 같고."

PT를 하다 보면 가끔씩 불성실하고 예의 없는 심사위원을 만난다. 그럴 때는 우리의 이야기를 들으러 오신 분들이기에 존경심을 갖고 되도록 친절하게 설명하려고 한다. 그런데 시스템 오류로 인한 불통은 내가 어찌할 수 없는 영역이다. 그럴 때면 모든 걸 멈추고 소리 한번 꽥 지른 다음 박차고 나오고 싶다. 아니 담당자를 발로 걷어차도 모자란 심정이다.

"다음 PT는 월드커뮤니케이션에서 진행해주시겠습니다."

"안녕하세요. 오늘 제안 발표를 하게 된 대행사 대표 김정희입니다."

시작은 매우 순조로웠다.

"저희는 본 프로젝트를 이렇게 정의 내렸습니다."

그러고는 파워포인트의 버튼을 눌렀다. 그런데 화면이 넘어

가지 않았다. 주최 측 담당자의 업무 미숙으로 내가 전달해준 파일이 먹통이 된 것이다. 사실 시작할 때부터 사전에 보내준 파워포인트 파일과 현장 컴퓨터에 노출되는 화면 비율도 안 맞아서 거슬렸는데 결국 컴퓨터가 먹통이라니!

잠시 눈앞이 깜깜해지면서 당황스러웠다. 게다가 이게 마치 나의 잘못인 것처럼 심사위원과 주최 측 사람들이 짜증을 내기 시작했다. 그 찰나의 시간에도 말이다. 어이가 없었지만 나는 바로 치고 나갔다.

"컴퓨터는 불통이 되었지만 오히려 다행인 것 같습니다."

모두들 어리둥절한 표정을 지었다.

"어차피 책상 위에 놓인 제안서를 훑어보느라 스크린을 잘 못 보셨는데, 화면이 저절로 꺼졌으니 제안서를 함께 보면서 설명을 들으시면 좋겠습니다."

직접 기획서를 써왔던 지난 시간이 힘을 발휘하는 순간이었다. 나는 조금씩 몸을 움직이면서 제안서를 자연스럽게 펼쳐 들고 심사위원 한분 한분과 눈을 맞추면서 이야기를 이어나갔다. 오히려 영상을 보면서 포인터로 화면을 넘기는 번거로움이 없으니 나의 PT는 청산유수에 가까웠다.

오늘 이슈에 맞는 인상적인 인사말을 시작으로 그것과 우리 주제의 자연스러운 연결 그리고 우리의 주요한 전략들을 자신 있게 설명해나갔다. 가끔씩 심사위원들을 향하여 질문을 던지는 여유도 잊지 않으면서 말이다. 성공적인 프레젠테이션이었고 우리는 그 행사를 수주했다. 독특한 상황이어서 기쁨도 2배, 기억도 오래 남는다.

프레젠테이션은 파워포인트로 구성된 기획서 장표를 그냥 읊조리는 과정이 아니다. 나의 논리를 설득하는 과정이다. 내가 프레젠테이션을 준비하면서 항상 점검하는 것이 있다.

"프로젝트의 본질은 무엇이며 그것과 관련해서 내가 하고 싶은 이야기는 무엇인가?"

아무리 큰 프로젝트이고 긴 설명이 필요한 기획서일지라도 그 핵심을 간결하게 축약해서 설명하지 못하면 실패다. 파워포인트와 동영상은 나의 스토리를 전달하기 위한 도구에 불과하다. 현란한 동영상과 파워포인트 기술이 승리를 좌우하지 않는다. PT는 본질로 승부하고 가치를 파는 작업이기 때문이다.

이 모든 것은 내가 이 프로젝트를 가장 잘 알고 있다는 자신감에서 나온다. 그 자신감은 프로젝트에 대한 정확한 이해와 서술에 근거한다. 그리고 그 자신감이 결국 다른 사람이 나를 더 믿게 만들어준다는 것을 몸으로 겪어왔다. 그렇게 20년이다.

'업'에 대한 전문성을 갖춰라

'직'과 '업'의 차이

홍보 전문가에서 대한민국 관점 디자이너 1호로 자신의 업을 다시 한 번 정의한 박용후 대표는 그의 저서 《나는 세상으로 출근한다》에서 직(職)이 아니라 업(業)을 추구하라고 이야기한다.

2000년대 초반까지 잡지사 기자 생활을 했던 선배는 기자라는 직을 넘어 언론과 출판이라는 업에 대해 고민하게 됐다고 한다. 즉, 취재하고 글 쓰는 기자로서의 직무를 넘어 더 좋은 잡지를 만드는 것에 대해 늘 생각했다고 한다.

그는 생계를 유지하기 위해 일하는 자리가 직이라면, 업은 평생을 두고 매진할 소명이라고 말한다. 업을 추구하는 사람에게

직의 크고 작음, 보잘것없음은 아무런 문제가 되지 않는다고 말한다. 나는 그의 말에 적극적으로 공감하며 나의 직과 나의 업에 대한 정의를 다시 한 번 정리하는 계기가 되었다.

우리 회사 같은 프로덕션을 업계에서는 '대행사'라고 부른다. 대행사란 특정한 일을 대신 해주는 회사라는 뜻이다. 전문가나 파트너 그룹으로 해석이 가능하다. 그러나 너무 부정적으로 귀찮은 일을 처리해주는 해결사, 심부름꾼이라고 생각하는 사람들도 보았다. 사실 마음을 어렵게 하는 담당자들을 만나서 감정 관리에 실패하는 신입직원들은 그런 마음을 이기지 못하고 많이 퇴직하기도 한다.

그러나 내 업을 향한 다른 이들의 부정적인 시선에 얽매일 필요 없다. 지금 바로 나와 내 업에 대해 새롭게 정의를 내려보자.

나는 이벤트를 통해 훈훈한 세상을 만들어가는 대한민국 제1호 진심 커뮤니케이터이다. 나는 진심 전문가로서 진심이 필요한 모든 분야에서 활동할 것이고, 진심 커뮤니케이터 김정희를 통해 대한민국의 문화예술, 엔터테인먼트, 이벤트 현장은 더욱 행복해질 것이다.

당신은 당신의 업을 어떻게 정의 내릴 것인가? 때론 불가능할 것 같고 무모해 보이는 정의가 당신을 한 분야의 전문가로 만들 수 있다.

내 분야를 끊임없이 탐구하기

회사의 대표가 되고 난 후 내 인생은 180도로 달라졌다. 자신감은 언제나 충만해 있었고, 누구 앞에서든 내가 맡은 분야의 기획에 있어서 논리로 져본 적이 없다. 어떻게 그것이 가능했을까?

내가 일하고 있는 분야의 전문성을 더욱 갖고 싶었다. 그래서 대학원에 진학했다. 연세대학교 언론홍보대학원에 입학해서 광고홍보를 전공하며 대한민국 최고의 전문가들과의 네트워크를 형성했다.

늦은 나이에 학교에서 다시 시작된 만학도의 삶도 좋았지만 광고, 홍보, 방송, 저널리즘 분야에서 최고의 인재들과 함께 2년 6개월을 함께 공부하며 실무뿐만 아니라 인생의 많은 경험들을 나누었던 최고의 시간이었다.

이벤트 전문가가 되기 위해 해외 사례도 적극적으로 탐구했다. 일본, 싱가포르, 상하이, 대만, 홍콩, 멕시코, 캐나다, 프랑스, LA, 뉴욕, 라스베이거스, 플로리다 등 기획과 행사를 위해 도움이 될 만한 곳이라면 주저하지 않고 참관했다.

그곳에서 만난 관계자들과 관련 분야의 이슈에 대해 분석하고 토론했다. 그리고 누가 알아주든 알아주지 않든 그 아이디어들을 나의 소중한 행사에 적용했고, 나를 선택해준 클라이언트들에게 나만의 방식으로 진심으로 보답했다.

지난 20년간 회사를 운영해오면서 느낀 원칙이 하나 있다. 나 자신을 설득하지 못하면 다른 사람을 절대 설득할 수 없다. 나 스스로 자신감을 갖지 못하면 다른 사람이 절대 나의 논리 안으로 이끌려 들어오지 않는다. 나의 자신감은 나의 무기다.

그러나 그 자신감은 그냥 생기지 않는다. 스스로 충분히 준비되어야 한다. 충분히 준비된 전문가여야 한다. 지식 자본가가 되어서 많은 사람들이 당신의 지식을 구매하도록 하라. 당신이 제일 큰 자산이다. 당신 안에 있는 탁월함을 깨워라.

나의 가치는 나 스스로 지킨다

나는 현존하는 여성 기획자 중에 가장 오래된 여성 CEO다. 보통 내 나이대의 사람들은 대부분 현업에서 직접 기획서를 쓰거나 PT를 하지 않는다. 프로젝트 매니저 역할은 더더욱 하지 않는다. 나는 편할 수 있어도 나와 파트너가 되는 상대방은 이제 20대 후반이거나 30대 초중반이기 때문에 상대가 나를 불편해할 수 있기 때문이다.

그러나 나는 쉰이 넘은 나이에도 이 모든 걸 다 하고 있다. 그것도 즐겁고 감사하게 말이다. 20년을 한결같이 이 일을 해왔으니 이보다 더 잘하는 일이 내게 또 있겠는가?

우리 회사의 견적서에는 항상 지켜야 할 원칙이 있다. 첫째는 기획료, 둘째는 인건비, 셋째는 대행료다. 너무 당연한 이야기

아니냐고 반문할지 모르겠다. 아니, 그렇지 않다. 우리 대행사가 문제여서가 아니라 대한민국의 관행이 그렇다.

전문성이란 어떤 영역에서 보통 사람이 흔히 할 수 있는 수준 이상의 수행 능력을 보이는 것이라고 한다. 전문성은 매우 장기적이고 체계적인 훈련을 통해 획득된다. 그렇기 때문에 전문가가 인정을 받는 것이며 그에 맞는 대우를 하는 것이다.

나는 기획에 있어서 전문가다. 내가 만드는 기획에는 나의 지혜와 경험, 나의 새로운 관점, 문제 해결의 실마리가 담겨 있다. 그래서 기획료는 나의 전문성을 인정받는 것이기도 하며 나의 진심 비용이기도 하다.

각 분야의 전문가와 함께하라

행사를 치르다 보면 많은 전문가들이 필요하다. 기획자, 연출자, 아트디렉터, 작가, VJ, 음악, 조명, 영상, 특수장치, 특수효과, 의상, 운영, 물자, 비상대책 등 프로젝트의 형태와 규모에 따라서 참여하는 인원수는 천차만별이다.

하나의 프로젝트를 위해서 이렇게 많은 사람들이 모여서 회의한다는 것은 실로 엄청난 것이다. 우리가 하나의 목적을 가지고 각자의 분야에서 일구어낸 전문성의 진수를 쏟아 붓는 시간이기 때문이다. 그래서 나는 프로젝트를 시작할 때마다 각자의 전문성이 최대한 발휘될 수 있도록 최선을 다해서 섬기고자 한다.

모든 일이 마찬가지다. 일은 그저 먹고살기 위해 하는 것이 아니다. 만나는 거래처마다 그들의 진정성과 진심으로 빚어진 전문성이 묻어나는 것이다. 나는 지금까지 나의 전문성을 팔아온 것이며 나의 거래처들은 나의 전문성을 산 것이다. 이렇게 보니 지긋지긋하다고만 느껴졌던 어제의 그 일이 좀 다르게 느껴지지 않는가?

당신이 오랫동안 해온 일이 있는가? 당신과 오랫동안 그 일을 함께 해온 사람들이 있는가? 바로 그들이 전문가다. 그들과 함께 전문가 플랫폼을 형성하라. 당신에게 큰 자산이 되어줄 것이다.

사소함에 디테일한 진심 담기

사소하지만 강력한 관심

지하철을 타다 보면 승강장 문에 새겨져 있는 다양한 시들을 보게 된다. 시 공모전을 통해 선정된 시민들의 작품이다. 우리가 그 행사를 담당했을 때의 좋은 기억들이 참 많다.

우리는 먼저 그 공모전의 이름을 '세상에서 가장 긴 시집'이라고 지었다. 아울러 홈페이지 디자인도 일러스트 작가를 섭외해서 기존의 실사 배경이나 사진이 줄 수 없는 문학적인 상상력과 일러스트의 따스함이 묻어나도록 디자인을 했다. 공모전을 잘 치러내기 위한 사무국도 별도로 마련해서 전화번호도 공개했다. 이렇게 시민들의 작품을 받을 준비가 완료되었다.

그런데 예상하지 못한 일들이 발생했다. 지하철 시 공모전은 청소년, 대학생뿐만 아니라 연세 많은 어르신들께도 인기 있었던 것이다. 그런데 그분들은 어떻게 신청서를 다운받는지, 어떻게 홈페이지에 올리는지를 잘 모르셨다.

또한 공모전 이외의 질문 사항들이 너무 많았다. 본인이 제출한 서류가 홈페이지에 잘 접수되었는지부터 우리 컴퓨터가 잘 안 된다, 내가 이걸 꼭 하고 싶은데 나이가 너무 많아서 못하는데 어떻게 해야 되냐 등등.

젊은 사람들에게는 1시간 거리도 안 되는 서류 작성과 제출 과정이 이분들에게는 너무 벅찼던 것이다. 그때부터 나는 24시간 콜센터를 자처했다.

"거기 사무국이죠? 제가 시 공모전에 꼭 참여하고 싶은데 어떻게 하는지를 몰라요."

"아버님, 지금 옆에 누가 계셔요?"

"아무도 없지."

"그럼, 시는 어떻게 제출하시려고 했어요?"

"이따가 손주 녀석 집에 오면 도와달라고 하려고 했지."

"그러면 손주가 집에 오면 저한테 전화 주세요. 제가 손주분에게 자세히 가르쳐드릴게요."

"아이고 고마워요, 내가 예전부터 시인이 꿈이었는데 이거 꼭 한번 내보고 싶어요."

"네, 제가 어떻게든 도와드릴게요. 꼭 전화 주세요."

저녁 10시경에 핸드폰 벨이 울렸다. 그 할아버지였다.

"여보세요, 저는 손주인데요. 할아버지께서 지금 전화하셔도 괜찮다고 해서 전화드렸어요."

"네, 잘하셨어요. 이렇게 관심 가져주시고 참여해주셔서 감사해요."

나는 시 공모전을 설명하고 시스템에서 어떻게 다운받고 접수하는지를 손자에게 차근차근 설명했다. 그 할아버지는 공모전에 잘 접수하셨고 너무 좋은 시여서 최종적으로 당선되었다.

모든 것이 중요하겠지만 때로는 디테일한 부분에서 프로젝트의 완성도를 높일 수 있다. 제작물일 수도 있고, 의상일 수도 있고, 음악일 수도 있고, 그 요소들은 참으로 다양하다. 그러나 시 공모전에서 완성도를 높이는 디테일은 진심을 담은 휴먼터치였다.

주최자와 참여자 모두를 만족시키는 디테일

농업진흥청에서 해마다 진행하는 '강소농대전'이라는 행사가 있다. 우리나라 농부는 대농과 소농으로 나뉘는데 강소농은 소농들을 대상으로 하는 행사였다. 강소농이란 '작지만 강한 농업'이라는 의미와 메시지를 가지고 있다.

전국의 강소농분들이 한자리에 모여서 자신의 제품들을 선보이며 다양한 프로그램에 참여하는 행사가 2017년과 2018년에 코엑스에서 진행되었다.

여기에서 우리가 제일 포인트를 두었던 것은 코엑스에 전시를 보러 오는 관람객들에게 강소농에 대한 이해를 정확하게 제공하고, 어떻게 하면 강소농들의 피와 땀과 정성이 들어간 농산물들을 제대로 어필할지였다.

첫 번째로는 강소농에 대한 이해도를 높이기 위해 주제관의 주요 콘텐츠를 웹툰으로 제작했다. 시나리오와 그림을 재미있게 구성해서 만화를 읽기만 해도 강소농에 대한 이해와 기관의 주요 정책과 지원 사업을 알 수 있도록 했다.

아는 만큼 보인다고 하지 않았던가? 나는 '해설이 있는 농산물 투어'를 기획했다. 홈쇼핑에서 제품을 매력 있게 선보이면서 제품에 대한 이해도를 높임과 동시에 소비 심리를 최대한 자극하는 쇼핑호스트 시스템을 도입한 것이다.

쇼핑호스트라는 꿈을 이루기 위해 전문 교육기관에서 자신의 실력을 갈고닦고 있는 예비 쇼핑호스트를 추천받아 우리 행사의 취지, 프로그램 구성, 도슨트 프로그램의 필요성 그리고 참여하는 농가와 제품의 특징 등을 공유했다. 그리고 사전에 신청한 천연제품, 발효제품, 가공제품 등의 카테고리별로 나누어서 동선을 구성하고 그 흐름대로 스토리를 이어가며 순차적으로 농가 부스 투어를 진행했다.

맛있는 사과를 농사지은 농부가 꼭 사과를 잘 파는 것은 아니다. 맛도 좋고 몸에도 좋은 사과라도 소비자를 끌어당길 수 있도록 설명해야 잘 팔 수 있다. 도슨트 프로그램은 적중했고 현장에서 상품에 대한 정보 전달과 투어 시스템이라는 재미 요소를 두루 갖주면서 며칠간 인기 프로그램으로 자리 잡았다.

우리는 이 행사를 단순 전시로 규정 짓지 않고 강소농들의 마케팅의 장으로 생각하고 보다 공격적으로 프로그램을 기획했다. 현장의 무대에서도 공연 위주의 프로그램보다는 실질적으로 강소농들에게 도움이 될 수 있는 팜 홈쇼핑, 팜 옥션 등을 통해 보다 많은 농가들이 소비자들에게 직접적으로 노출될 수 있도록 도왔다.

이 행사의 큰 골격은 당연히 전시 시스템이다. 주제관, 정책 홍보관 그리고 전국에서 올라온 지역별 홍보관 그리고 무대, 체험 공간, 휴식 공간 등으로 이루어져 있다. 그러나 그 공간을 생기 있게 활력을 불어넣는 것은 프로그램과 운영적인 요소이다.

전시의 큰 골격이 하드웨어 요소라면, 프로그램과 운영은 그 맛을 살리는 소프트웨어 요소인 것이다. 행사의 주최자와 참여자 모두 윈윈할 수 있는 작은 아이디어들이 뒷받침되면 공간은 더욱 활기를 띠고 생기를 얻는다. 그리고 이 아이디어는 디테일함이 좌우한다.

주제관을 참관하고 30분간의 도슨트 프로그램에 참여했던 관람객들에게 설문조사를 했는데 만족도가 매우 높았다. 웹툰으로 기획된 강소농에 대한 전반적인 설명은 이해도를 높이면서 재미 요소까지 제공했고, 전체 프로그램에 대한 기대감을 높여주었다고 대답했다.

아울러 도슨트와 함께한 농가 부스 투어 프로그램은 제품에 대한 이해가 바로 제품에 대한 신뢰로 이어져 현장에서 구매하는 데 훨씬 도움이 되었다고 대답했다. 그리고 산지 직송의 직거래 계기도 마련해주었다.

강소농들의 수고와 그 생산품의 품질과 경쟁력을 어떻게 표현할지, 소비자들에게 우리 상품을 어떻게 매력 있게 보여줄지를 거듭 고민하면서 사소한 것에 디테일한 진심을 담으니 모두가 행복하고 만족했다. 진심의 힘을 느끼는 순간이었다.

승률 80퍼센트 PT 전략

앞에서 언급했듯이 나는 그간의 경쟁 PT에서 승률 80퍼센트 이상을 자랑한다. 매우 높은 승률이다. 그것은 경쟁 PT에 자주 참여하지 않는 빈도에서 오는 이유도 있겠지만 참여하는 PT는 '수주 목표'를 두고 전 과정에 대한 세부적인 프로세스 디자인을 하는 편이다.

여기에서 제일 중요한 원칙이 하나 있다. 제안서는 무조건 제출일 3일 전에 완성한다는 것이다. 그리고 그 3일 동안 부족한 부분들을 더 보완하고 더 매만지고 또 매만져 더 나은 완성도를 만들어낸다. 그렇게 보내는 3~4일의 시간이 제안서의 완성도를 위해 매우 필요하며 유익한 시간임을 경험을 통해서 확신한다.

숙제 파악하기

일반적인 입찰은 입찰공고서, 과업지시서, 제안요청서 등 3가지 주요 문건으로 이루어진다. 입찰공고서는 입찰 개요, 금액, 참가 자격, 필수 서류, 평가 제출 서류 등 정량적인 부분이 고지된다. 과업지시서에는 이 프로젝트를 진행하는 목적, 방향성, 주요 주제, 프로그램, 공간에 대한 주요 지침, 시스템에 대한 언급 등이 있다. 제안요청서에는 과업지시서에 포함되어 있는 행사 목적 및 방향성에 맞게 이런 방식으로 제안해달라는 구체적인 요소들이 표기되어 있고, 아울러 평가 점수에 대한 항목별 배점, 방법 등이 자세히 표기되어 있다.

선무당이 사람 잡는다고, 입찰을 몇 번 해본 직원들은 집중도가 많이 떨어져서 대충 서류를 훑어보기 일쑤이다. 그래서 나는 선제공격을 한다. 우리가 입찰에 참여하기로 했으면 다 같이 모여 이 프로젝트에서 우리에게 원하는 것이 무엇인가를 정확하게 파악한다.

우리는 입찰공고서, 과업지시서, 제안요청서 3개 서류를 돌아가면서 정독하고 칠판에 메모한다. 첫 번째 읽었을 때 파악되는 핵심 내용과 두세 번 반복하면서 파악하는 주최 측의 의도는 조금씩 다르다.

갈수록 이해도가 높아지며 몇 번을 반복하고 나면 우리가 써내야 할 제안서가 어떤 목적을 가졌으며 그걸 이루기 위한 방향은 어떻게 도출되어야 하는지 서로 합일점에 이르게 된다. 그렇게 도출될 때까지 우리는 무조건 기본에 충실한다. 나는 이것을 숙제를 파악하는 과정이라고 설명한다.

"숙제가 뭔지를 알아야 숙제를 할 거 아니냐!"

그것이 입찰이든 의뢰받은 프로젝트든 내가 지금까지 포기하지 않고 유지하는 좋은 습관이자 좋은 결과를 얻을 수 있었던 효과적인 방법이다.

다른 사람들 숙제 들여다보기

신생으로 진행되는 행사가 아니면 대부분 몇 년 전의 자료까지 인터넷에서 쉽게 파악할 수 있다. 나는 제일 먼저 전년도의 입찰 공고 내용과 올해의 내용이 어떤 부분에서 달라졌는지를 파악한다. 행사 목적, 방향성, 장소, 예산이 작년과 어떤 변화가 있는지 살펴본다.

그리고 약 5년간 이 행사는 어떤 모습으로 진행되어 왔는지를 파악한다. 이용하는 주요 매체는 인터넷이다. 기사, 블로그, SNS 등 다양한 방법으로 검색해보고 주최 측에서 공개 자료로 올려놓은 결과 보고서도 가끔씩 본다.

그렇게 파악한 재료들을 나만의 노트에 옮긴다. 그리고 행사 목표, 주제, 공간 구성, 주요 프로그램, 당해 행사의 특징 등을 메모하며 나만의 로드맵을 그려본다. 그러다 보면 우리가 어떤 차별점을 가지고 올해 행사를 기획해야 하는지 알 수 있다. 그것은 결국 단점은 보완하고 장점을 살리는 구체성을 갖게 해준다.

100인에게 묻다

숙제 파악이 어느 정도 되면 우리는 본 프로젝트에 대한 인사이트를 얻기 위해 인터뷰에 돌입한다. 전년도에 참여한 분들이나 관계자들, 행사와 관련 있는 분야의 사람들을 찾아가서 인터뷰를 한다.

그리고 설문조사 내용을 만들어 관련 있는 카페에 올려 의견을 묻기도 한다. 그러면 여러 가지 해답들을 얻을 수 있는 지점을 만나게 된다. 행사의 방향성, 그것들을 아우르는 주제, 주제를 시각적으로 표현할 수 있는 키 비주얼 아이디어, 공간에 대한 전략, 프로그램 전략 등 한꺼번에 로직(Logic)을 형성할 수 있다.

그리고 나서 우리가 하고자 하는 프로그램을 실행할 국내 최고의 1인자는 누구인지를 찾는다. 실력, 인지도, 의미, 주제와의 연계성, 합리적 예산 등 다양한 면에서 검토하고 대부분 몇 개의 방향성을 가지고 사람이든 프로그램이든 항상 1안, 2안, 3안을 제안해왔다.

그렇게 제안할 수 있는 근거는 100인에게 들었던 이야기에 근거한다. 인터뷰에 임해주신 분들의 이야기를 분석하고 재편해 보면 어떤 방향으로 제안을 해야 할지 분명하게 작전을 세울 수 있다. 결국 소비자들의 니즈를 1, 2, 3순위로 선별해서 제안할 수 있기 때문에 현실적이기도 하지만 확신에 찬 제안으로 매우 파워풀하다.

3일 전 마무리는 완성도를 높이는 지름길

제안서는 만지면 만질수록 완성도가 높아진다고 확신한다. 문장의 완성도는 물론이거니와 전체적인 흐름이 하나의 스토리를 꿰어나가듯 자연스럽게 이어진다. 그리고 디자인이 부족한 부분도 3일 정도의 시간을 가지면 문제없이 수정하고 보완할 수 있다.

다음 장에는 무슨 이야기가 나올까 궁금해지는 그런 완성도가 나오면 거의 승률 80퍼센트 이상에 근접할 수 있다. 그래서 나는 부족하더라고 제출일 3일 전에 1차 마무리를 하고, 부분 첨삭에 연연해하지 않고 전체를 조망하면서 제안서를 검토하고 수정하고 또 수정한다.

원고 작성과 리허설은 PT의 완성도를 높인다

대부분 유능한 프레젠테이너는 마치 스티브 잡스처럼 원고도 보지 않고 레이저 포인터기를 능수능란하게 넘겨가면서 프레젠테이션을 한다는 환상들이 있다. 사실 나도 그런 겉멋이 들었을 때는 그렇게 흉내를 내보기도 했지만 나에게는 맞지 않았다. PT 현장이 생각보다 변수가 많아서 아무리 연습을 많이 했다고 하더라도 현장의 변수에 흔들리지 않기 위해서는 나를 지켜낼 수 있는 나만의 방법이 필요하다. 그것이 내가 PT 원고를 쓰게 된 이유다.

내가 전달하고 싶은 스토리대로 원고를 쓰고, 원고와 현장의 시간 차이도 계산해서 약 1분 30초 전에 PT가 끝나게 준비한다. 현장에서는 나와 함께 계속 호흡을 맞춰온 직원이 원고를 넘기도록 한다. 그렇게 되면 혼자 원고를 넘겨가면서 진행할 때보다 훨씬 안정되고 설명하는 데도 훨씬 자유롭다.

그래서 나는 PT를 진행할 때 항상 팀워크를 이룬다. 그렇게 리허설은 계속되고 우리는 그것을 몸과 마음으로 익히는 수준까지 준비한다. 그리고 반드시 PT를 마치고 질의응답 시간에는 두 명이 나란히 서서 번갈아가며 심사위원의 질문에 대응하면서 혼자가 아닌 팀원의 조화를 통해 신뢰를 주려고 노력한다.

진정성과 자신감으로

PT는 PT다. 내가 아무리 원고를 써와도 그냥 읽을 수는 없다. 원고는 비상용이다. 일단 자리에 서면 나는 전체 인사를 한 번 하고 심사위원 한분 한분과 간단하게 눈을 맞추며 눈인사를 한다. 대부분 미소로 화답해준다. 그렇게 시작되는 PT는 규정 시간인 약 10~20분 동안 진행된다.

우리의 지난 행사 분석에서 심사위원들이 마음을 조금 여는 듯하다. 전년도 분석은 누구나 하겠지만 우리는 거의 5년간의 사례를 분석하니 팩트에는 장사가 없다. 그건 본능적으로 느낄 수 있다. 그리고 '100인에게 물었다'에서 모든 분들이 고개를 끄덕끄덕하며 긍정과 신뢰의 눈빛을 보낸다.

결국 내가 어필하고 싶은 핵심은 우리가 기획한 공간과 프로그램은 그저 기획자의 맘대로 무책임하게 써놓은 것이 아니라는 점이다. 100인의 생각을 종합하고 분석한 결과이므로 대단히 객관적이면서도 대단히 창의적이고 대단히 안정적인 방향성이라는 것을 어필할 수 있다.

준비 과정에서 진정성 있는 시간들을 보냈고 자료 조사를 바탕으로 기획된 것이기에 우리의 논리는 튼튼하고 자신감 있게 팔 수 있는 근거를 제공했다.

결국 한 방의 필살기는 없다. 처음부터 끝날 때까지 자신감 있게 어필하는 것은 기본이지만 그 바탕에는 진정성 있는 기획자로서 고민의 흔적들이 고스란히 담겨 있어야 한다. 그것을 읽어내고 알아채는 분들이 심사위원들이다. PT를 마치면서 나는 꼭 한 마디를 덧붙인다. 그것도 팀원과 두 손을 마주잡고서 말이다.

"꼭 하고 싶습니다."

어떨 때는 이 말 때문에 10명 정도 되는 심사위원들이 한꺼번에 폭소를 터뜨리기도 했지만 마지막을 조금 정겹게 마무리하면서 PT의 긴장감을 풀어주기도 해서 이 말을 자주 한다. 그리고 얼마나 정직하고 순수한 진심인가?

신기한 건 말대로 될 때가 많았다는 것이다. 꼭 하고 싶은 마음대로 그 행사를 꼭 하게 되었다. 승률 80퍼센트인 PT의 주요 맥락은 진정성 있는 기획, 자신감 있는 PT, 꼭 하고 싶다는 솔직한 본심의 표출이 어우러진 결과이다.

3장

움직이게 만들다

_ 인사이트 파악하기

작은 베품도 배가 되어 돌아온다

20년간 자신을 따라다니던 '까칠마녀'라는 호칭을 '소통의 여왕'으로 바꾼 여인이 있다. 바로 서울경제신문 심희정 기자다. 그녀의 저서 《예쁘게 말을 하니 좋은 사람들이 왔다》에서 밝힌 핵심 비결은 이것이었다.

"제가 무엇을 도와드릴까요?"

많은 사람들이 타인을 돕는 것을 귀찮아하거나 소용없는 것으로 여긴다. 당장 눈앞에 보이는 것만 생각하기 때문이다. 그러나 위의 짧은 문장은 거창한 자선 사업이나 엄청난 희생을 요구하지 않는다. 무언가 베풀어 신뢰와 신용을 쌓는 데는 분명 시간과 노력이 들지만, 나중에는 그것이 몇 배로 돌아온다고 그녀는 말한다.

사람은 드러내지 않을 뿐 경쟁만큼이나 공존과 배려의 DNA를 가지고 있다고 그녀는 말한다. 글을 쓰는 사람이다 보니 자신을 찾는 사람은 기사를 잘 써달라거나 업무상 협조를 요청하는 경우가 많았다. 하지만 부탁을 하거나 도움을 요청할 때 선뜻 용건을 꺼내지 못하고 머뭇거리면 본인이 먼저 상대에게 말을 걸어 공감이 가는 커뮤니케이션을 한다.

팩스·복사 무료 사용

우리 집에서 지하철역까지 약 100미터 거리에 부동산이 일곱 개나 있다. 그중 내가 가는 곳은 '숭인부동산'이다. 퇴근길에 들러 사장님과 차를 한잔 마시기도 하고, 가끔은 남편과 함께 숭인부동산 사장님과 식사를 할 때도 있다. 내가 집이 몇십 채나 가지고 있어 부동산과 거래할 일이 많아 친해진 것은 당연히 아니다. 사장님과 친해진 이유는 아주 단순하다. '팩스·복사 무료 사용' 서비스 때문이다.

어느 날 아침 일찍 거래처에서 미팅이 있는 날이었다. 대부분 오전에 미팅이 있는 날은 그 전날에 회의 자료를 완성하고 출력까지 해서 집으로 돌아오는데, 그날은 수정할 사항들이 많아서 집으로 일할 거리를 가져왔다. 아침 일찍 문건 작성을 마치고 집에 있는 프린트기로 출력하려는데 아뿔싸, 가는 날이 장날이라고, 잉크가 떨어진 걸 깜빡했다.

갑자기 머릿속에 숭인부동산이 떠올랐다. 곧바로 내려가서 출력을 부탁드렸다. 사장님은 어떻게든 온전하게 도움을 주고 싶으셨는지 앉은 자리에서 재빨리 일어나 나에게 컴퓨터를 양보했다. 나는 사장님이 내어준 자리에 앉아서 출력을 마치고 자료를 정리해서 그날 아침의 미팅을 잘 마칠 수 있었다. 어찌 그리 배려심이 많은지 본인의 업과 관련된 부동산 이야기는 아예 언급도 하지 않았다. 나에게 도움을 준 그 사장님의 부담 없는 태도가 너무 좋았다.

코로나19로 국내 경기가 거의 초토화되고 있는 상황인지라 걱정이 되어 슬쩍 부동산 문을 열었다.

"사장님 요새 별일 없으시죠?"

인사를 건네며 사무실을 쓱 훑어보니 내 걱정이 이내 민망하게 느껴졌다. 사장님 책상에는 계약 서류들로 가득했다. 테이블 위에는 방금 나간 손님의 것으로 보이는 커피 잔도 있었다. 동네 계약은 여기서 다 하는 눈치다. 12평 남짓한 숭인부동산만큼은 불경기 없이 성황 중이다. 코로나로 타격을 입고 있는 건 정작 나라는 걸 깨닫고는 실소가 터졌다.

"사장님, 비결 좀 알려주세요. 왜 여기만 이렇게 잘되는 거예요."

"다 정희 씨 부부 같은 경우예요."

사장님의 계약 대상자 중 많은 분들이 우리처럼 팩스와 복사를 한 번씩은 이용했던 사람들이라는 것이다. 그 이용 시기도 다양했다. 3개월 전, 1년 전, 하다못해 서로 언제부터였는지 기억조차 하지 못할 정도로 오래된 사람도 있다고 했다. 그럼에도 여기서 복사를 한 번 한 적이 있다며 찾아온다는 것이다. 고맙다, 잘 썼다, 인사하는 사람들, 나중에 꼭 오겠다고 약속하는 사람들 그리고 정말 바빴는지 인사는커녕 문도 안 닫고 나가는 사람들 중에 오는 사람들이 꽤 된다는 것이다. 정말 급하게 서류를 처리해야 할 때 아무 조건 없이 팩스와 복사를 사용하게 해준 것에 대한 고마움이 마음속에 저장되어 있었던 것이다.

“더 재미있는 얘기 해드릴까요? 저희 부동산으로 스파이들이 종종 옵니다.”

이래저래 사람들이 숭인부동산으로만 몰리고, 계약이 늘어나다 보니 주변 부동산에서 손님인 척 상담을 받으러 온다는 것이다. 중개수수료를 낮춰 받을 거라는 의심 때문이었다. 하지만 아무리 탈탈 털어도 부정이 나올 리 없다. 팩스와 복사를 사용하게 해준 것이 죄는 아니지 않나.

근방의 부동산 모두가 ‘숭인부동산’을 공식적으로 부러워한다. 그런데 왜 그곳이 잘되는지 파악하려 하지는 않는다. 부동산 앞에 붙어 있는 ‘팩스·복사 무료 사용’의 위력을 몰라서 그러는 건지, 뒤늦게 따라 하기 겸연쩍어 그러는 건지 아무도 벤치마킹을 하지 않는다.

부동산 사장님을 보며 정말이지 진심은 누가 한다고 따라 할 수 있는 것이 아님을 새삼 느낀다. 진심은 사람의 마음을 헤아리는 일이고, 결국 사람의 마음을 얻는 일인 것이다.

아무튼 오지랖

초등학교 5학년 내 생활기록부에는 '정의파, 주의 산만'이라고 쓰여 있었다. 지금 생각해도 나를 참 잘 대변하는 표현이라고 생각된다. 담임선생님께서 나의 천성과 성격을 잘도 파악하셔서 써놓으신 대표적 표현, '정의파, 주의 산만'.

선생님께서 나를 정의파라고 보신 이유는 이렇다. 사실 인간은 상대가 나를 좋아하는지 좋아하지 않는지 느낌으로 알 수 있다. 특히 촉이 발달되어 있던 나는 초등학교 때 유난히 한 친구를 편애하시던 선생님에게 반기를 들었다가 혼쭐이 난 적이 있다. 열 살밖에 안 된 어린 나이였지만 학생들을 편애하는 선생님의 모습이 정의롭지 못하다고 생각했다. 어느 날 똑같이 숙제를 안 해왔는데 한 친구에게는 이쁘니까 괜찮다고 하시며 문제 삼지 않았는데 다른 한 친구에게는 너무 폭력적인 말씀을 하시며 체벌을 하셨다. 같은 반 친구들이 선생님의 불공평함에 마음이 언짢고 불안했지만 무서워서 아무 말도 하지 못할 때, 반장이었던 나는 일어서서 선생님을 향해 외치다시피 말씀드렸다.

"선생님, 선생님의 사랑이 골고루 나누어져야지 왜 학생들을 편애하세요?"

"한 친구는 괜찮다고 하시고, 한 친구는 때리시는 건 너무 불공평해요."

거침없는 나의 항명에 돌아온 건 몽눙이 찜질이있지민 그래도 친구를 위하는 마음에 내심 뿌듯했다.

내가 초등학교를 다닐 때는 나머지 공부라는 게 있었다. 요즘의 방과 후 수업 같은 것이다. 아직 구구단을 외우지 못하거나 원리를 깨우치지 못해서 산수 문제들을 풀지 못하는 친구들을 나는 자발적으로 도왔다. 초등학교 때 나는 전교 1등의 범주에 늘 있었기 때문에 친구들을 기꺼이 도울 수 있었다. 구구단을 못 외우는 친구들을 위해서는 구구단 암기 노트를 만들어서 나눠 주기도 했다. 혹여나 친구들이 싸울 때면 늘 약자의 입장에서 대변해주고 소풍이나 체육대회 같은 날도 부모님이 오시지 못하는 친구들을 대신해서 풍성한 먹을 거리를 준비하는 등 오지랖 넓은 반장 역할을 톡톡히 해냈다.

나이 50이 넘어 생각해보니 초등학교 선생님께서 생활기록부에 써놓으셨던(정의파, 주의 산만)이 어쩜 그리 잘 들어맞을까? 지금도 신기하다는 생각이 든다. 그러니까 담임선생님이셨겠지만. 호기심과 모험심, 모든 일에 즐거운 열정을 가지고 생활하다

보니 그것은 주의가 산만한 학생처럼 보일 수도 있었겠다. 그러나 그 산만함이 친구를 위하고 사람을 향해 있었기에 정의파라고 표현하셨던 것 같다. 지금 생각해보니 초등학교 때부터 내가 친구들에게 주로 하고 다녔던 말은 이거였다. "뭐 도와줄거 없어? 친구야, 뭐 도와줄까?" 어린 시절부터 내 마음속에서 정의표 오지랖이 무럭무럭 자라고 있었다.

적당한 만족에 하나를 더 보탠다

서울에서의 인연이 베이징으로 이어지다

중국 베이징에 있는 컨벤션센터에서 개최된 가전 관련 국제 전시회에 삼성전자 부스의 이벤트를 담당했던 적이 있다. 글로벌 전시전문대행사 비즈마컴에서 의뢰를 받았다. 며칠간의 전시장 운영을 효과적으로 하기 위해서 무대를 중심으로 삼성전자의 전시관을 관람객들에게 사랑받는 공간으로 만드는 것이 나의 임무였다.

어떤 콘텐츠를 가지고 가면 좋을까 고민하면서 톡톡 튀는 감성으로 센스 만점이었던 정 실장과 함께 머리를 맞대었다. 한일 월드컵이 끝나고 한류가 전 세계적으로 많은 관심을 받고 있을 때였다. 우리는 꽤 세련되고 실력 있고 멋있는 비보이 팀을 조합해 행사장을 찾아준 모든 분들에게 감격과 감동을 선사하고 싶었다. 대한민국의 이름으로, 삼성전자의 이름으로 말이다. 삼성전자에서도 어찌나 관심이 많은지 많은 지원과 격려를 아끼지 않았다.

이렇게 삼성전자, 비즈마컴, 우리 회사와 비보이 팀이 한마음이 되어 서로의 전문성을 인정하며 행복한 동행을 시작했다. 그때는 무명이었던 팝핀 현준이 우리의 메인 멤버였다. 잘해도 너무 잘했다. 정말 입이 떡 벌어질 정도로 팝핀 현준의 무대는 아트적인 카리스마를 선사했다.

스튜디오를 별도로 빌려서 연습하고 또 연습하며 이뤄낸 결과였을까? 전체 행사 일정 동안 삼성전자 부스는 최고의 인기 부스가 되었다. 실력 있는 전시 전문회사인 비즈마컴의 전시 구성, 디자인, 운영도 손색이 없었지만 우리가 준비한 비보이 팀의 공연 때마다 전시관이 들썩들썩했다. 우리 공연이 기획도 잘됐고 준비도 잘돼서 좋은 평판을 받다 보니 삼성전자 측에서도 저녁 때마다 회식 분위기로 충만했다.

그렇게 기분 좋게 전시회를 운영하고 있는데 불쑥 나를 찾아온 분이 있었다. 그것도 중국분이었다. 우리 부스도 이게 무슨 일인가 하는 눈치였다.

"혹시 월드컴의 김정희 사장님 계십니까?"

"네, 제가 월드컴의 김정희입니다만, 누구신지요?"

"저는 신화통신사 부사장님께서 보내신 그분의 비서입니다. 부사장님께서 김정희 대표님을 좀 뵈었으면 하는데 시간이 어떠신지요?"

나는 놀라움을 금치 못했다.

"부사장님께서 대표님이 베이징 전시에 오실 수 있다는 메일을 받으시고 계속 신문을 보시면서 삼성전자가 베이징 전시회에 참여하는지 체크하라고 하셨어요. 그리고 신문에서 전시회 일정이 확정되고, 삼성전자 참여가 확정된 것을 보시고 계속 기다리셨어요."

신화통신사의 조 부사장님은 서울에서 맺은 인연이었다. 낯선 베이징에서 날 기다리는 사람이 있었다니 너무 감격스러운 순간이었다.

워커힐 말고 인사동으로

2002년 부산아시안게임이 한창일 때 우리 회사는 기아자동차가 운영하는 중국인 유학생 응원과 기아자동차만의 접대(Hospitality)가 가능한 전용 플라자를 운영했다. 중국인 유학생들을 위한 여러 가지 프로모션도 의미 있게 진행되었고, 더욱이 부산 파라다이스 호텔 야외 광장에 세워진 기아자동차 플라자에서는 약 한 달 동안 매일 밤 문화 공연과 맥주 축제가 진행되었다.

그러던 어느 날 기아자동차의 담당자가 나를 불렀다.

"김 대표님, 며칠 후에 중국의 신화통신사에서 거물급 임원분들이 오세요. 그분들을 밀착해서 케어를 해주실 분이 아무리 찾아봐도 대표님밖에 없는데 어떻게 생각하세요?"

"제가요? 진짜로요? 정말 원하신다면 그리고 저한테 전적인 권한을 주신다면 생각해볼게요."

"그렇게만 해주신다면 뭐든 지원해드리지요."

"제가 구체적으로 어떤 것을 해드리면 되는데요?"

"아시안게임 참관을 하시고, 관광 프로그램을 진행해야 하는데 단체가 아니고 중요한 한 분만 케어하면 돼요. 비서진까지 총 5명 정도 움직이시면 됩니다."

"그렇게 중요한 분인데 왜 저한테 맡기시는 거예요? 전 중국말도 못하고, 의사소통에 문제도 있고, 제가 최적은 아닌거 같은데요."

"대표님, 중국어야 통역의 도움을 받으면 되지만, 대표님 특유의 그 정감 있고 따뜻하면서도 현장에서 능동적으로 움직이고 판단할 수 있는 사람이 또 있어요?"

아주 일을 맡기려고 세 치 혀로 나를 높이 치켜세우고 있었다.

"알겠습니다. 그럼 그분의 전체 일정표랑 2박 3일간 제가 어떻게 모시고 다녀야 하는지 알려주세요."

며칠 후에 중국의 거물급 임원단은 아시안게임 현장에 도착했다. 부산 일정이 끝나자마자 내가 투입되어 그분들을 아산에서 서울로 모시는 일정이었다. 그렇게 신화통신사의 조 부사장님과의 인연이 시작되었다.

기아자동차에서는 리무진 2대와 무한대 법인카드를 내 손에 쥐어주고 나를 혈혈단신으로 떠나보냈다. 그것도 중국 비즈니스에서 그렇게 중요한 그분을 나에게 맡기고 어떻게 해야 하나 싶다가도 '그래, 부딪혀보자'는 마음이었다.

여러 일정을 마치고 서울로 향하는 길이었다. 워커힐의 공연을 보려고 대기하고 있는데 통역이 말을 걸어왔다.

"대표님, 우리 다른 데로 일정을 변경하면 안 될까요?"

"어디 불편하세요? 어디로 이동할까요?"

"조 부사장님이 신화통신사의 임원이다 보니 전 세계의 스포츠 대전부터 국제 행사에 거의 매번 참석하시는데 그때마다 워커힐에서 볼 수 있는 공연들은 무수히 봐왔으니 보다 한국적인 곳을 보고 싶다고 하십니다."

"그래요? 그러면 그렇게 하셔야죠. 저도 사실 부사장님을 이렇게 갇힌 공간으로 모시고 싶지는 않았어요. 부사장님 멋쟁이십니다."

그렇게 말하며 빠르게 이동할 곳을 찾았다. 우리는 인사동으로 이동했다. 조금은 복잡한 듯하지만 아기자기한 인사동의 맛과 멋을 느낄 수 있었다. 길거리 음식도 서슴치 않고 사 먹으며 어린아이들처럼 환하게 웃었다. 나는 개인 사비로 부사장님께 예쁜 보자기에 동동 동여매어서 숟가락, 젓가락을 선물했다. 경복궁과 남산타워까지 모시며 조 부사장님이 서울의 가을밤을 만끽하도록 최선을 다했다.

진심에는 국적이 없다

내가 담당한 일정까지 마치고 무사히 숙소로 모셔다드렸다. 기아자동차 담당자에게도 무사히 마쳤다고 업무 공유를 했다. 일정 변경에 대해서는 상황을 들으시고 나서 매우 흡족해하셨다.

사실은 어른을 모시고 이동했기 때문에 다니기에 불편하지 않았을까 여간 신경이 쓰인 게 아니었다. 하지만 인사동, 경복궁, 남산서울타워 그리고 남대문시장 등을 돌아보며 비록 낯선 나라이지만 현지인들이 살아가는 모습을 보고 싶어 하는 것이 내게도 마음에 와닿았다.

그런데 문득 드는 생각이 내일 혼자 아침을 드셔야 할 텐데 쓸쓸하시겠다 싶었다. 그래서 조식 시간을 체크하고 누가 시키지 않았지만 아침 식사 시간에 맞춰서 숙소로 찾아갔다. 그리고 식사를 마치시는 걸 보고 정성껏 준비한 소정의 선물도 개인적으로 전달했다. 생각지도 않은 방문에 정말 놀라는 듯했다. 나의 진심을 느끼셨나 보다.

"김 대표, 중국에 오면 꼭 연락하세요. 진심입니다."

"네, 부사장님, 꼭 연락드리겠습니다."

그렇게 인연이 시작됐다. 나는 명함에 있는 주소로 그다음 달 베이징에서 진행될 전시회에 대해 이메일을 보냈다. 그런데 부사장님은 정말 나를 잊지 않고 전시회까지 찾아오신 것이다.

조 부사장님은 좋은 차도 보내주시고 대궐같이 큰 음식점에서 극진히 대접해주셨다. 마침 음식점에 노래방 기계가 준비되어 있어서 나는 함께한 중국분들을 위해 노래를 불러드렸고, 환호 속에 박수갈채를 받으며 즐거운 시간을 마무리했다. 마지막 헤어질 때 나에게 전달해준 선물에 눈물이 핑 돌았다. 하얀색 백주, 어리디 어린 찻잎, 중국의 전통 식기와 수저 세트 그리고 신화통신사의 다양한 굿즈들. 그분의 깊은 정성과 진심이 그대로 전해졌다. 그 기념품 중에 일부는 지금도 내가 소장하고 있다.

지금도 가끔씩 그때가 생각난다. 지금쯤 어디에서 무얼 하실까? 중국에서 비즈니스 할 일이 있으면 꼭 자기를 찾아오라고 말씀하시며 내게 좋은 친구였다고, 감사하다고 말씀하셨던 그 소박한 중국의 임원분. 그분과 함께한 2박 3일간의 일정 속에서 만족할 만하지만 무언가 하나를 더 보태드리고 싶었던 그 정체가 무엇일까 생각해보니 그것은 사람을 향한 진심이었다. 진심은 국적이 없다. 만국 공통어인가 보다. 그분이 나를 베이징의 전시장에 와서 찾아낸 걸 보면 말이다.

현장에 답이 있다

우리 회사 신입사원은 8주간 매일 아침 교육을 받는다. 이벤트와 행사 산업 전반에 대한 개요, 현황, 비전뿐 아니라 우리 회사의 위치는 어디쯤인지 우리만의 특장점이나 경쟁력을 소개한다. 정신을 깨우는 커피와 함께하는 이 시간에는 기획자로 출발하려는 야심 찬 신입들의 눈이 반짝인다.

교육의 마지막 시간 나는 늘 같은 질문을 던진다.

"어떻게 하면 기획서를 잘 쓸 수 있을까요?"

대답은 다양하다. 책이나 신문을 읽어야 한다. 네트워크를 넓혀야 한다. 트렌드를 빨리 읽어야 한다. 옳다. 모두 도움이 되는 일이다.

그러나 내 맘속 정답은 이것이다.

"기획서는 발로 쓰는 것입니다. 좋은 콘텐츠는 인터넷에 있지 않습니다. 언제나 현장에 답이 있습니다. 현장에 전문가가 있고, 현장에 생생한 목소리가 있습니다. 제일 먼저 컴퓨터를 켜지 마십시오. 내가 만날 사람을 다 만나고, 내가 하고 싶은 이야기가 정리되었을 때 그때 컴퓨터를 켜십시오."

이것은 나의 경험에서 온 확신이자 나를 지켜준 보석 같은 신념이다.

100명을 만나다

올림픽 후에 바로 패럴림픽이 개최되듯, 우리나라도 전국체육대회 후 바로 전국장애인체육대회가 열린다. 아주 오래전이지만 우리 회사도 전국장애인체전에 입찰한 경험이 있다.

당시에도 메인 기획자였던 나는 어떻게 하면 좋은 기획을 할 수 있을까 고민에 빠졌다. 그러다 행사의 주인공인 그들을 직접 만나는 게 답이라고 생각했다. 당장에 수화기를 들어 장애인협회에 전화를 걸었다.

"안녕하세요. 저는 장애인체전을 기획하고 있는 김정희입니다. 체전에 대해 당사자분들은 어떤 의견을 갖고 계신지 궁금해서 한번 찾아뵙고 싶은데 괜찮을까요?"

협회는 아주 긍정적이고 적극적으로 사람들을 소개해주었다. 운동선수뿐만 아니라 다양한 직종의 사람들, 예컨대 방송작가, 지휘자, 합창단, IT 기술자 등을 2주 동안 만났다. 그들과 허심탄회하게 대화를 나누어보니 골자는 비슷했다. 지금은 새삼스럽게도 당연한 이야기이지만 약 20여 년전 당시만 해도 그렇지 않았다.

"장애인도 평범한 욕구를 가진 사회의 구성원이고 싶다."

"장애인도 집 밖으로 이동할 수 있어야 한다."

"비장애인과 함께 살아가는 사회가 구현되길 바란다."

"동정은 싫다. 서로 주고받는 당당한 사랑이면 몰라도."

"장애인체전만 따로 한다는 것 자체가 차별이다."

그들이 생활의 현장에서 토해내는 목소리를 들으며 나는 장애인체전 기획의 방향을 잡아갔다. 그렇게 구성된 우리의 철학은 다음과 같다.

1. 프로그램 구성 등의 기획 단계부터 제작 회의, 연습 점검 및 리허설, 당일 진행 및 운영에 대한 제반 분야에 이르기까지 장애인의 입장에서 사고하고, 이야기를 경청하고, 서로 의견을 나눌 수 있는 사랑으로 출발하겠습니다.
2. 비장애인의 그라운드 프로그램을 흉내 내는 행사는 지양하겠습니다. 볼거리와 외관에 치우치거나, 추상적 제목의

실속 없는 매스게임 종류의 프로그램은 지양하겠습니다.

3. 전국대회에 걸맞은 규모와 장중함을 갖추어야 하겠지만 순간 사라지는 특수효과는 절제하고 주제 정서가 녹아 있는 내실 있는 행사로 만들겠습니다.
4. 장애인 예술가(음악, 미술, 영상, 안무, 의상, 소품 등)와 함께 만드는 연출 시스템을 구축하겠습니다.
5. 출연자는 물론 주차, 좌석 안내 등의 운영 요원과 진행 스태프 등도 장애인과 비장애인이 함께 참여하는 인력 조직을 운영해나가겠습니다.
6. 출연자, 관중 및 선수 임원이 교통하는 쌍방형 상호작용을 프로그램에 녹여내겠습니다.
7. 텅 빈 객석, 호응 없는 동원형 관중이 아닌 건강한 사고를 가진 젊은이들의 응원과 열기가 있는 대회장으로 만들겠습니다.

결국에 얻은 낭만

드디어 우리의 기획을 선보이는 날, 열과 성을 다해 PT에 임했다. PT를 하다 보면 우리가 될 것 같은 전율이 올 때가 있다. 특히 심사위원들과 교감이 잘 이루어지는 것 같은 느낌이 들면 영락없이 그 프로젝트를 수주하게 된다. 오늘이 바로 그런 날이었다. 심사위원들은 내가 장애인들과 만나 그들의 이야기를 듣고, 제안서에 반영한 것을 높이 평가해주었다. 우리의 기획 철학도 환영하는 눈치였다.

PT를 마치고 다른 회사의 담당자들과 인사를 나누는데 미리 축하의 인사를 건네는 것이었다.

"아무래도 월드가 이 일을 하겠는데요?"

나 역시 한껏 기대하며 결과 발표를 기다렸다. 하지만 결과 발표자의 입에서 나온 이름은 우리 회사가 아니었다. 김칫국을 마셔도 들통으로 마신 셈이다.

그런데 나중에 협회로부터 전화가 왔다. 알고 보니 내가 만났던 장애인분들이 협회에 전화를 걸어 그 회사야말로 자격 있는 회사인데 왜 선정하지 않았냐고 따진 것이다.

협회도 못내 아쉬웠는지 선정된 회사와 함께 어떤 형태로든 참여할 수 있는지 물었다. 나는 그 마음만 감사하게 받고, 요청은 고사했다. 지금 생각해보니 그때는 입찰에도 낭만이라는 게 있었던 것 같다.

지금도 우리는 프로젝트가 있으면 한결같이 행동한다. 그 분야의 최고 전문가를 만나러 간다. 좋은 기획은 발품에서 나온다. 발로 쓰는 기획서가 가장 탄탄하다. 요즘은 SNS가 잘되어 있어 다른 이의 의견을 묻기도 수월하다. 예를 들면 '100인에게 물었습니다' 같은 형식이다. 어느 분야든 100인을 만나서 인터뷰를 한다면 그 프로젝트는 단연코 성공할 수밖에 없다. 인터뷰 안에는 재미와 효용과 감동이 늘 함께 있다. 어떤 문제가 있을 때 현장으로 달려가라. 그곳에 답이 있다.

탄탄한 본질과 빛나는 외형

거침없이 제안하다

멀리서 회장님이 달려온다. 복합 리조트, 호텔, 게임, 여행, 레저 등의 관광사업을 총괄하는 파라다이스그룹의 전필립 회장님이다. 그리고 내 손을 덥석 잡는다.

"오늘 너무 감사합니다. 기공식이라는 행사가 이렇게 예술적일 수 있는지 처음 알았습니다. 돈은 좀 들었지만 말입니다. 외제차가 몇 대랍니까?"

전필립 회장님은 특유의 호탕한 웃음을 지어 보였다. 2014년 영종도에서 열렸던 파라다이스시티 기공식을 마친 직후였다.

파라다이스그룹으로부터 기공식 프로젝트에 관련된 전화를

받았을 때는 사업상 어려움을 겪고 있었다. 처음에 사무실로 전화가 왔을 때 "직원이 몇 명이냐, 연간 매출이 얼마냐"라고 묻기에 마음이 많이 쓰였다. 이 좋은 기회가 재직 인원과 매출액 때문에 날아갈까 싶었다. 하지만 놀랍게도 우리 회사가 실행사로 선정되었다. 몇 개의 후보 회사 중 우리 회사가 외형적으로 앞서지는 못했을 텐데 말이다.

우리 회사가 실행사로 확정될 수 있었던 결정적인 이유는 자신감 넘치는 해석이었다. 파라다이스그룹이 카지노라는 한계를 넘어 복합 리조트로 나아가는 첫 자리에서 어떤 태도를 취하고 어떤 마음가짐을 가져야 하는지에 대해 거침없이 제안했다.

더 나아가 이 프로젝트의 성격과 비전, 그룹 회장의 PI(President Identity), 기업 이미지, 합작사와의 협력 관계, 지역사회와의 연계성 등을 고려해서 다양한 각도의 프로그램을 제안했다. 그 비용은 무려 회사가 제시한 금액의 3배가 넘는 10억 원 정도였다.

무엇을 하든 상상 이상으로

나의 고민은 크게 3가지였다. 어떻게 미디어와 대중의 관심을 증폭시킬 수 있는가? 어떻게 건축물의 핵심적 가치를 표현할 것인가? 그리고 영종도뿐 아니라 이 프로젝트에 참여하는 모든 채널들에게 이 사업에 대한 가치와 기대감을 어떻게 조성할 것인가?

먼저 미디어와 대중의 관심을 증폭시키는 방안으로는 그 당시 창조경제의 큰 축이었던 '한류'를 키워드로 잡았다. 행사 시작 전에 국내외 주요 기자단을 초청해서 기자회견을 열었다. 그리고 한류의 시작이었던 〈대장금〉의 주인공 이영애와 '강남스타일'의 주인공 싸이의 축하 인터뷰를 띄웠다. 또 일회성 행사에서는 잘 활용되지 않았던 미디어 퍼포먼스(영상과 음악, 전문 퍼포머, 특수장치 및 특수효과 등)를 통해 입체적으로 파라다이스를 소개했다.

두 번째로 건축물의 핵심적 가치를 표현하기 위해서, 공간을 '미리' 맛보게 했다. 가로 30미터, 세로 50미터, 높이 15미터에 이르는 대형 돔 안에 파라다이스시티의 특징, 상징물, 동서양이 함께 어우러진 심볼 등을 구현했다. 행사장으로 들어서는 입구는 과거에서 현재로의 시간 이동 콘셉트였는데, 시계탑을 오브제로 사용해 시간 여행자를 표현했다.

제일 중요한 무대는 컨벤션, 쇼핑, 부티크, 호텔 등 건축 모티프를 활용한 파라다이스 광장을 구현했다. 가로 20미터에 이르는 대형 LED 화면을 메인으로 장착하고 비주얼 영상으로 파라다이스시티를 다이내믹하게 그려냈다. 양쪽 벽면에는 갤러리를 만들어 주요 프로젝트의 조감도를 전시했다. 우리의 모든 작품은 명작이라는 나름의 비유였다.

세 번째로 이 사업에 대한 가치와 기대감을 전달하기 위해 전필립 회장의 PI에 중점을 두었다. 동북아시아 최초의 복합리조트를 총괄하고 있는 전필립 회장의 리더십을 부각하기 위해 많은 고민을 했다. 행사 전 기자회견을 통해서 본 프로젝트를 자세히 설명했기 때문에 기자단의 이해도는 매우 높았다. 더 나아가 프로젝트를 기획하고 조각하고 실행하는 그룹 총수에 대한 긍정적 인식으로 연결되기에 성공적이라고 할 수 있었다.

또 각계각층의 내외빈들이 사전에 환담을 나누는 VIP룸을 별도의 돔 구조로 구성했다. 파라다이스시티가 어떻게 지어지는지 한눈에 파악할 수 있는 건축물 모크업 구조를 전시하고 간단한 설명도 곁들였다. 이렇게 프로젝트에 대한 이해를 마쳤을 즈음에 그 지점에서 건축물이 지어질 광활한 부지를 눈으로 볼 수 있도록 텐트 천을 뜯어버리고 유리창을 만들어 밖을 볼 수 있도록 했다.

공식 행사에서는 파라다이스그룹과 모범적인 협력관계에 있는 일본 파트너사 그룹의 수장을 필두로 주요 연설자들이 본 프로젝트와 전필립 회장의 든든한 지원군처럼 느껴질 수 있도록 세심하게 연출했다. 행사의 클라이맥스라고 할 수 있는 주제 퍼포먼스는 필립낙원(必立樂園)이라고 명명했다. 전필립 회장의 이름과 파라다이스를 뜻하는 낙원을 붙인 것이었다. 위와 같은 전반적인 흐름으로 파라다이스그룹뿐만 아니라 전필립 회장 대한 기대감과 본 사업에 대한 가치들이 자연스럽게 언급될 수 있도

파라다이스시티 기공식

록 구성했다.

나는 단독으로 전필립 회장과 세 차례 미팅을 진행했고, 회장님과 임원진들의 전폭적인 지지를 받으며 행사를 준비했고, 성공리에 마쳤다.

본질이 명확할 때 표현이 자유롭다

행사 며칠 뒤에 인천도시개발공사의 임원으로부터 전화를 받았다.

"김 대표님, 잘 지내셨죠? 제가 여쭤보고 싶은 게 있는데요."

"네, 무슨 일이세요?"

"혹시 며칠 전에 영종도에서 행사하지 않으셨나요?"

"맞아요. 파라다이스시티 기공식 진행했어요. 저 보셨어요? 인사하시지."

"아니요. 대표님을 본 건 아닌데, 행사 곳곳에서 대표님의 향기가 잔뜩 나는 거예요. 그래서 같이 갔던 분과 정희 대표님이 기획제작한 행사다 아니다로 점심 내기를 했거든요."

"하하하. 제가 한 행사 맞습니다. 맛있고 비싼 점심으로 드셔야겠네요."

그는 참석했던 많은 사람들이 행복해하며 기획자를 칭찬했다고 전해주었다.

나는 행사를 기획할 때 항상 상황과 맥락을 살펴본다. 왜 이 행사를 하려고 하는지, 이것을 통해 무엇을 얻으려고 하는지를 살핀다. 그 맥락 속에서 결코 놓쳐서는 안 되는 것들의 우선순위를 살피고 보완해나간다.

기공식이라는 게 무엇인가? 어떤 프로젝트의 첫 출발점이다. 즉, 첫 삽을 뜨는 것이다. 그런데 왜 삽을 뜨는가? 무엇이 되고 싶어서 뜨는가? 결국 이 모든 것이 향하는 목표까지 보여주어야 한다. 그러니 행사의 본질을 놓치지 않고 참여한 모든 이들에게 기대감을 심어줄 수 있다.

본질이 명확해지면 그 외양은 자연스럽게 자유로워진다. 핵심을 쥐고 있으니 무엇이든 표현해 녹여낼 수 있다. 화려함에 속는 것이 아니라, 그 화려함이 본질을 더욱 빛내준다.

내게 가장 기억에 남는 행사가 뭐냐고 묻는다면 주저 없이 파라다이스시티 기공식이라고 답할 것이다.

트렌드를 심도 있게 관찰하라

빠르게 시대 변화상 파악

《트렌드 코리아 2020》을 통해서 우리는 대한민국의 10대 트렌드를 한눈에 볼 수 있다. 업글인간과 오팔세대, 페어플레이어, 특화생존, 편리미엄, 매 순간 다른 사람으로 변신하는 멀티 페르소나 등 빠르게 변화해나가는 2020 대한민국 소비 지도를 자세하게 들여다볼 수 있다.

우리 기획자들에게 연말이나 연초에 성지순례와도 같은 코스가 있다면 이듬해 트렌드 전망에 대한 집중탐구와 분석이다. 그것을 토대로 국내외 기업들의 성공 사례들을 메모해놓고 나만의 특화된 아이디어들을 모아 서로 토의하는 작업들을 정기적으로 하고 있다.

우리나라는 이제 물질주의 사회를 넘어 탈물질주의 사회로 넘어가는 단계에 있다. 이런 상황에서 《요즘 것들》, 《90년대생이온다》, 《밀레니얼의 반격》, 《에이트》, 《언컨택트》, 《리부트》, 《개인의 시대가 온다》 등 최근 시대 변화상을 빠르게 진단하고, 대안을 제시하는 도서들을 함께 탐독하고 그것을 기획 과정에 반영하는 것 또한 기획자가 해야 할 아주 소중한 자기 투자이자 준비이다.

지역사회와의 연대, 더샵갤러리 북카페

포스코건설이 10년 만에 서울 강남에 더샵갤러리를 오픈했다. 바로 도산공원 앞이다. 1층에는 포스코의 핵심적인 기술이 집적된 아이큐텍(AiQ TECH)관, 키네틱 조형물, 스틸아트 작품 등이 설치되었다.

2층에는 분양과 수주를 위한 공간이 마련되어 있고, 직원들이 일하는 공간이 있다. 3층에는 도산공원이 내다보이는 확 트인 전경이 있는 갤러리와 카페가 있고, 120석 규모의 공연장도 있다.

나는 이 공간에 생명력을 불어넣을 아이템으로 '북카페'를 선택했다. 그곳에서 인문, 철학, 역사, 경제, 심리, 교육, 육아 등을

포스코건설이 오픈한 더샵갤러리 출처: thesharp.co.kr

함께 읽고 고단한 일상에 쉼을 주는 공간으로 운영하며 함께 토론하고 함께 사색하는 문화공간이 되도록 기획했다. 물론 코로나로 인해 모이는 것이 부담스러운 상황이 되었지만 이 공간은 앞으로 지역민들과 지역사회에 사랑받는 공간이 될 것이다.

그것은《밀레니얼의 반격》에 소개된 여러 형태의 지식공동체 사업들을 탐독한 결과였다. 그 안에서 발견한 '트레바리', '최인아 책방'을 유심히 들여다보며 참고하기도 했다.

누구든 이곳을 방문하는 사람들이 편안하게 책을 맘껏 읽을 수 있도록 편안한 책상과 의자도 마련되었다. 맛있는 커피와 쿠키는 물론이거니와 필요하면 공간을 안내해주는 사람들과 함께 해설이 있는 공간 투어도 가능하다.

기업의 주택문화관이 대형 북 갤러리로 변모되어 지역사회와 공존한다는 것, 그것은 우리 사회가 물질 중심 사회에서 '가치 중심' 사회로 넘어가는 기류에 있다는 뜻이기에 보람 있고 의미 있는 기획이자 운영이었다.

필(必)환경 시대의 기획, 서울 차 없는 날

《트렌트 코리아 2019》는 필(必)환경 시대를 전망했다. 그동안 환경을 생각하는 소비를 좋은 것으로 간주했다면, 앞으로는 살아남기 위해 반드시 선택해야 하는 필(必)환경의 시대라는 것이다.

환경재단에서 발표한 지구환경의 악화 정도를 나타내는 환경위기시계는 오후 12시를 지구 멸망으로 보았을 때 이제 오후 9시를 넘어서고 있어 초강력 위험 수준이다. 이제 기후 변화에 대응하는 일은 선택이 아니라 생존의 문제가 되었다.

서울 차 없는 날은 말 그대로 1년에 단 하루 만이라도 자동차를 타지 말자는 상징적인 캠페인이다. 시민들은 차가 없을 때 도심 속에서 여유로움을 만끽하며 기후 변화와 관련된 다양한 프로그램에 참여하게 된다.

대한민국의 환경시계는 2018년 기준으로 9시 19분에서 9시 9분으로 거꾸로 가고 있다. 그것은 다각도의 정부정책과 시민들의 자발적인 참여의 성과이다. 서울시의 차 없는 날 행사의 기획

서울 차 없는 날 조형물 및 무대

과 진행을 통해 필(必)환경 시대의 흐름에 함께 손잡고 나아갈 수 있게 되어서 다행스럽고 기쁘다. '차를 멈추면 도시가 쉼을 얻고, 서울이 웃는다.'

보행 · 자전거 친화도시, 서울

도시계획가이자 디자이너인 제프 스펙(Jeff Speck)은 《걸어 다닐 수 있는 도시》를 통해서 '워커빌리티'(Walkability, 보행친화성)라는 개념을 주장했다. '워커빌리티'란 사람들이 얼마나 편하게 걸어 다닐 수 있는지를 나타내는 척도다. 그는 '워커빌리티'가 그 도시의 흥망성쇠를 좌우한다고 강조한다.

서울시와 진행했던 주요 프로젝트는 도심의 '워커빌리티'를 높이기 위한 행사였다. 덕수궁 앞 도로에 예쁜 파라솔을 설치해 도시락거리를 만들고, 시민들이 점심시간에 도시락을 먹을 수 있도록 마련해 놓은 덕수궁 도시락거리는 시민들에게 이색적인 쉼과 휴식을 제공했다.

세종대로에 풀장을 설치하고 온 가족이 풀장에서 DJ의 음악을 들으며 셔플댄스를 함께 추었던 여름날과 롯데월드 퍼레이드의 향연은 시민들에게 잊을 수 없는 추억을 제공해주었다.

DDP는 패션의 거리답게 자신만의 신발과 티셔츠를 만들면서 자신을 창의적으로 표현하는 즐거움으로 가득했다. 인근의 샵들과 제품들을 연결한 패션쇼와 문화공연들을 통해서 도심은 자동차가 주인이 아니라 시민이, 사람이 주인임을 일깨워주기에 충분했다.

언택트 시대의 교통수단, 자전거

김용섭은 자신의 저서 《언컨택트》에서 코로나19 이후 우리의 일상과 비즈니스, 공동체 생활에서 새롭게 바뀌게 될 삶의 방식을 이야기하고 있다. 가장 주목할 만한 트렌드는 비대면, 비접촉이다. 이것은 사람들이 사회와 고립되기 위해 선택한 것이 아니라 안전하게 연결되기 위해 선택한 트렌드다. 더 많은 사회와

2020 서울 자전거 퍼레이드

사람과의 연대를 위해 선택한 것이 비대면, 비접촉이라는 전혀 새로운 삶의 방식인 것이다.

언택트 시대에 주목한 사람들이 사회와의 연결고리를 위해 선택한 비대면, 비접촉 트렌드 중에 교통수단의 요소로 가장 강력한 대체 아이템이 자전거가 아닐까 생각한다. 자전거 라이딩은 많은 사람들이 좋아하는 취미 활동이자 편리한 교통수단이기도 한데, 이와 관련된 행사도 꾸준하게 진행되어 왔었다.

'2015 서울 자전거 축제'는 서울광장 앞에서 3일간 진행된 전국민 참여 축제였다. '2016 Share the road'는 광화문광장에서 여의도공원까지 이어진 약 2천여 명이 참석한 자전거 퍼레이드였다. 그 당시에도 자전거 행사는 라이더들에게나 자전거로 출퇴근하는 사람들에게 많은 지지와 환영을 받았다.

2020년 11월에 '2020 서울 자전거 퍼레이드'를 행사를 기획·실행하게 됐다. 처음에 입찰에서 수주했을때에는 2020년 5월과 9월에 대규모로 진행하는 행사였다. 하지만 코로나19로 인해 다시 수정하고 기획하는 일을 반복하면서 세 개로 나눠서 행사를 실행시켰다.

첫째로, 서울시 자전거 홍보대사인 대한민국의 대표 가수인 윤도현이 참여하는 '가수 윤도현과 함께하는 거리두기 라이딩', 두 번째로 프랑스의 아름다운 청년이자 유명 방송인인 파비앙이 한국사 1급 자격증을 가지고 있다는 것에 착안해서 '파비앙과 함께하는 도심 속 역사 문화 라이딩'을 기획했다. 그리고 마지막으로 가수 션의 공공의 이미지와 매치시킨 '가수 션과 함께하는 자전거 정책 홍보 라이딩'을 실행했다.

이 방법은 코로나19로 인해 취소 위기에 있는 대규모 행사를 세 개의 파트로 나누어서 소규모로 진행하면서 사회적 거리두기도 잘 지키고 행사도 진행할 수 있는 새로운 방식이었다. 모두 안전하게 마무리되었고, 이색적인 라이딩으로 인해 참여자들의 만족도가 매우 높았다.

때로는 길을 걷거나 운전을 할 때 갑자기 튀어나오는 자전거가 불편하게 느껴질 때도 있다. 그러나 도심의 불청객이 아닌 출퇴근 교통수단으로서 지속 가능한 성장이 이루어진다면 우리가 사는 도시가 조금 더 안전하고 쾌적해질 것이다. 그래서 자전거가 코로나19 이후에 도심 속의 교통수단으로 더욱 활성화될 것이라고 예상한다.

이렇게 사람들이 그해에 전망되고 있는 트렌드들을 어떻게 소화하고 표현하며, 창의적으로 적용하고 있는지를 심도 있게 관찰하는 것이 기획자들에겐 매우 중요하다. 왜냐하면 기획은 누군가에게 무언가를 제안하는 일을 끊임없이 반복하는 일이기 때문이다.

제안을 한다는 것은 많은 것을 알고 경험하고 확신이 전제되어야 한다. 그만큼 책임이 뒤따르는 일이기 때문이다. 그러나 그것이 기획의 묘미이자 직업의 특권이기도 하다.

남의 탓을 하지 마라

해외에서 행사를 진행할 때 가장 어려운 점은 어디에 뭐가 있는지, 이 문제는 누가 제일 잘 처리할 수 있는지 등 인적, 물적 인프라를 파악하기가 쉽지 않다는 것이다.

시골에 가보면 철물점에서 달걀을 팔고, 약국에서 담배를 팔듯이 해외에서는 더더욱 전혀 예상하지 못한 곳에서 우리가 필요한 솔루션을 가지고 있을 때가 많다.

그래서 해외 행사를 진행할 때 현지 파트너가 매우 중요하다. 현지에서 파트너를 선정하는 방식은 3~4개 정도의 현지 협력사를 소개받고 공개 프레젠테이션을 통해서 선정하는 방식을 택해 왔다.

그런데 위와 같은 방식으로 현지 협력사를 선정했을 때는 아무런 문제가 없었다. 그러나 주최 측의 추천으로 한국인이 운영하는 현지 협력사와 계약을 맺고 일을 진행하면서 나는 큰 위기를 맞이했다.

비윤리적인 일방적 계약 변경 통보

지금도 그 순간을 생각하면 아찔하다. 일부러 우리 회사를 골탕 먹이려는 속셈이었다는 것을 알았을 때는 너무 늦었다. 외국에서는 정작 한국 사람들을 조심하라더니 내가 꼼짝없이 당하고 말았다. 그것도 아무것도 손쓸 수 없는 이국땅에서, 아무 대안도 없이 말이다.

주최 측 담당자에게 소개를 받았기에 회사의 면면을 따져보기도 전에 무조건 신뢰를 하고 계약을 했다. 그리고 한국에서 제작 회의를 하는 것처럼 모든 것을 공개하고 상의했다. 웬만한 발주를 그 대행사를 통해서 해결했다.

행사가 내일모레였다. 오늘까지 객석의 대형 텐트를 설치하기 위한 철골 구조와 무대 구조가 세워져야 한다. 단순 무대가 아니라 행사의 하이라이트 부분에 무대 백월이 슬라이딩되면서 그 안에서 상징물이 돌출되고 다시 슬라이딩 구조가 닫히는 연출 장면이 있어서 조금 복잡하기도 하고 견고하게 제작되어야 했다.

한국에서야 문제될 것 없는 간단한 연출인데 이 나라에서는 시도해보지 않은 장면이라서 제작하는데 어려움이 있었다. 그래서 서울에서 무대 도면도 그려왔고, 제작 과정을 감리해줄 기술자도 모셔왔다. 그러나 제작은 생각보다 진도가 척척 나가지 않았다.

결국 행사를 이틀 앞두고 계약금을 더 올려서 오늘까지 잔금을 송금해주지 않으면 무대와 객석 철골 구조를 못 세워주겠다고 거의 협박조의 통보를 받았다. 일단 행사를 치러야 했기에 요청대로 해줄 수밖에 없는 내 상황도 서글프거니와 이런 회사를 추천해주신 담당 부장님이 원망스러웠다.

더욱이 능글스런 표정으로 이런 상황을 즐기고 있을 그 상대회사의 대표를 생각하니 참을 수 없는 모멸감과 수치심이 치밀어 올랐다. 처음으로 그런 황당한 일을 겪다 보니 돈도 돈이지만 사람에 대한 배신감에 치가 떨렸다. 그 충격에 나는 쓰러져서 법인 응급실에 반나절을 누워 있으며 응급치료를 받을 지경이었다.

그러나 마음을 다시 추슬렀다. '이러한 작은 변수에 무너지면 안 된다'는 생각으로 훌훌 털고 다시 일어났다. 그러나 그들의 횡포는 거기서 끝나지 않았다.

주제 영상, 최종 파일을 전달받지 못하다

행사 당일 우리는 주제 퍼포먼스로 '거위의 꿈'을 준비했다. 아름다운 애니메이션 영상을 만들었다. 영상만큼은 서울에서 만들어오려고 했으나 다행히 현지 대행사에 방송국 PD 출신이 있어서 영상 제작을 맡겨달라고 별도 부탁을 해왔기에 믿고 제작을 맡겼다.

전체 스토리를 담은 시나리오 작업은 내가 했다. 마지막 편집분까지는 못 봐도 중간 점검을 완성도가 있어서 나름 기대하던 작품이었다.

그 영상을 메인으로 우리는 현지에서 채용한 현지 직원들과 어린이 합창단, 시민들의 인터뷰 영상을 소재로 이곳에서 펼쳐질 꿈을 노래하는 퍼포먼스를 연출할 계획이었다.

그런데 당일 아침에 문제가 발생했다. 메인 영상을 현장에 가지고 오지 않고 웹하드에 올렸으니 다운받아 쓰라는 것이다. 불손한 의도가 적나라하게 드러났다.

지금부터 10년도 전의 일이었다. 당시 베트남의 인터넷 환경에서 약 7분 정도의 풀 영상을 웹하드에 올리고 내리는 시간이 얼마나 걸릴지 그들은 분명히 알았을 것이다. 아침에 현장에서 다운받아서는 절대 사용할 수 없다는 것을 말이다.

연출자들의 말을 빌리자면, 전날까지 영상을 보내달라고 얘기했지만 계속 마지막 편집 중이라며 아침에 꼭 가지고 오겠다고 했다고 한다.

그래서 우리는 고스란히 주제 영상을 펑크내야 하는 상황을 맞이하고 말았다. 우리가 한 달간 베트남에 출장을 와서 고생하며 준비했던 행사의 제일 중요한 핵심이 타인의 불손한 의도에 의해서 망가지는 순간이다.

김정로 소장님은 멘탈이 나가 힘들어하고 있는 직원들을 대신해서 연출을 진행하셨다. 주제 영상은 상영하지 못했지만 현장에서 지혜를 발휘해 포스코 CF를 잘 편집해서 기업의 정신과 철학이 잘 드러나 마치 준비된 퍼포먼스처럼 마무리되었다. 오랜 경험과 관록이 빛나는 순간이었다. 그분의 흔들리지 않는 평정심이 우리를 살렸다.

마음을 움직이는 힘, 배려는 나를 위한 메시지였다

행사는 잘 마무리되었으나 현지 대행사로 인해 내 마음은 엉망이 되었다. 처음으로 살의라는 것이 어떤 마음인지 알게 되었다면 내 마음의 상태를 조금이라도 표현한 것일까?

제일 먼저 왜 그런 형편없고, 양심 없고 비인간적인 회사를 소개해주었는지 담당 부장님에 대한 원망이 너무 컸다. 그리고 아주 소소하게 사사건건 그들에게 휘둘려서 고생한 우리 직원들과 스태프들한테 너무 미안한 마음에 자책감이 너무 컸다.

어찌 됐든 주제 영상을 몇천만 원씩이나 지불해놓고 최종본을 틀어보지도 못한 상황에서 자기들은 잘못 없다는 그 뻔뻔한 처사를 계속 보고 있으려니 속에서 천불이 났다.

그때 담당 부장님께서 나를 잠시 불러 슬며시 책 한 권을 들이밀었다. 한상복 저자의 《배려(마음을 움직이는 힘)》라는 책이었다. '관계 속에서 지쳐, 일상이 공허한 사람들이 멈춤의 시기에 들여다보면 좋은 책'이라고 설명되어 있다. 순간 불만이 훅 올라왔다.

'나보고 지금 그 사람을 배려하라는 거야?', '지금 부장님이 제정신이야?', '진짜 두 사람 무슨 관계가 있는 거 아냐?' 하고 말이다. 여간 승질이 나는 게 아니었다.

솔직히 그 책에 무슨 내용이 담겨 있는지, 설사 아무리 좋은 이야기가 담겨 있다고 하더라도 내 머릿속에 들어오겠는가? 내 마음을 움직이겠는가 말이다.

그렇게 시간이 지나고 세월이 흘러서 나는 그 책을 다시 한 번 읽게 되었다. 그리고 그때 알게 되었다. 그 책을 내게 전해주신 그 부장님의 마음을 말이다.

그것은 나를 위한 책이었다. 나 자신을 잘 추스르기 위해서 부장님이 나에게 전해준 위로였다는 것을 알게 되었다. 그 당시 내가 그 회사 탓을 하며 나의 긍정적인 에너지를 모두 갉아 먹고 있는 것이 안타까웠던 것이다.

다른 사람을 위한 배려는 결국 나 자신을 위한 배려라는 것을 부장님은 나에게 말하고 싶었던 것이다. 그렇게 입장 정리를 하고 나니 마음이 한결 개운해졌다. 나에게 지혜로운 멘토였다.

건강한 관계의 비결, '노'라고 말하기

《관계를 읽는 시간》의 저자 문요한은 건강한 바운더리를 가진 사람은 '자기 보호'와 '상호 교류'가 조화를 이루지만, 건강하지 못한 바운더리를 가진 사람은 어느 한쪽에 치우치거나 아니면 둘 다 제대로 작동하지 못한다고 볼 수 있다고 이야기한다.

수없이 많은 사람들과의 관계 속에서 많은 대답과 결정을 해야 하는 우리의 숙제는 아마도 그 속에서 나를 지켜나가는 지혜일 것이다. 관계의 본질은 상대와의 호흡 속에서 자신을 성찰하며, 성숙시켜나가는 즐거움과 기쁨의 총체적인 행복이 아니겠는가?

나를 지키는 것이 먼저다

전세 계약이 아직 1년 6개월이나 남았는데 집주인이 집을 비워달라는 전화를 했다. 이게 웬 말인가? 남편분이 사업을 하는데 부도가 났다고 한다. 그래서 본인이 살고 있는 집을 6월 말까지 비워줘야 하니까 무조건 나보고 나가달라는 것이다.

나는 또 오지랖 발동이다. '얼마나 맘이 안 좋으실까, 요즘 코로나19로 다들 힘드신데 사업이 그렇게 되셨으니 속상하시겠다. 서로 도우면서 살아야 되니까, 내가 좀 알아봐야겠다.'

부동산에 이야기를 해서 같은 가격대나 이사 시기가 맞는 물건이 있는지 알아보고 비슷한 집을 보고 오기도 했다. 그러자 남편이 나에게 한소리 했다.

"이사 비용은 어떻게 할 것이며 중개수수료는 어떻게 할 거냐? 내년 8월에 우리 집으로 들어가려면 우리 집 세입자는 어떻게 할 거냐?"

나는 그냥 듣고만 있었다.

"아무리 사정이 딱하다고 하지만, 우리한테 전세자금을 돌려줄 돈이 있으면 자신들이 살 집을 먼저 알아보는 게 예의지. 계약 기간이 반도 안 지난 세입자한테 나가달라는 건 너무 무례한 거 아니냐?"

집주인에게 다시 전화가 온다.

"저희가 6월 말에는 이 집에서 나가야 되니까 그때까지 꼭 좀 비워주셔야 돼요. 저희가 이사 비용은 드릴게요."

"그게 단순히 이사 비용으로 해결될 문제가 아니구요, 저희도 저희 집으로 내년에 들어가려고 전세 기간을 맞춰놓았고, 지금 이사 갈 집도 없고 이사를 간다고 하더라도 지금의 가격으로 전세를 구하기도 힘들고, 이사 가는 시차도 그렇고, 이사 비용이며, 부동산 중개수수료며, 에어컨 설치부터 기타 모든 부대 비용까지 그냥 단순한 문제가 아니라서 지금 쉽게 결정할 수 없네요. 다시 전화드리겠습니다."

전화를 끊고 갑자기 내가 왜 이렇게 저자세로, 어쩔 줄 몰라 하며 이 상황을 대면하고 있는지 의문이 들었다. 지금 누가 누구한테 미안해야 되는 건가? 나의 이런 태도들이 삶의 여러 상황에서 일을 더 꼬이게 만들었다는 생각이 들었다.

남편의 이야기를 들을 때면 '저 사람은 어째 저렇게 인정머리 없이 원칙만 따지나' 싶지만, 사실 남편의 생각이 정상이다. 그리고 그렇게 해야 일이 해결된다.

그래서 다시 마음을 먹고 전화를 걸어서, 나는 이사를 나가지 않겠다고 정확하게 선포했다. 집주인도 나의 최종 답변을 받아들였고, 그것을 계기로 그 분쟁은 종식되었다. 진심이란 무조건 '당신의 형편에 맞춰 드리겠습니다'라는 태도가 아니라는 것을 다시 한 번 깨닫는 순간이었다.

"답사, 더 이상 못 갑니다"

5월 1일, 이제 벌써 여름이다. 5월 1일은 근로자의 날이어서 공식적으로 휴일인데 진행해야 할 행사를 앞두고 클라이언트의 답사 요청이 있어서 자은 실장과 나들이하듯이 출장을 다녀왔다. 오늘까지 벌써 같은 행사로 두 번째 답사였다. 이틀 전에는 경기도 화성시를 다녀온 상황이라 나의 심기가 조금 불편해지고 있는 중이다.

서울에 거의 도착할 즈음에 전화 한 통이 걸려왔다. 5월 4일 연휴 중간에 국립생태원으로 답사를 또 가자는 것이었다. 그러나 나는 거절했다. 가더라도 연휴 끝나고 정상 출근하는 날 가겠다고 말이다. 나의 강경한 어조에 상대는 조금 당황하는 눈치였다.

행사장 답사는 장소가 정해지고 가는 것이 원칙이다. 그리고 행사장 답사라는 것은 행사를 실제로 할 장소를 방문해서 전반을 둘러보고 체크하는 일련의 과정이다. 실제 장소에 세워질 무대나 제작물들을 설치할 위치, 출연진, 진행 인력들의 동선, 위치 등을 파악하고, 그것들을 도면으로 그려내고, 운영 계획을 세우기 위한 매우 중요하고 전문성을 필요로 하는 과정이 행사장 답사이다. 그것이 상식 아니겠는가?

그런데 뭐가 그렇게 불안하고 조바심이 나는지 아직 행사 장소를 정해주지도 않았는데 예상 장소인 경기도 화성, 경상북도 상주까지 답사를 보냈다. 그것도 황금 같은 5월 연휴 기간에 말이다. 거기까지는 최선을 다했다. 그런데 상주에서 서울에 도착하기도 전에 다시 전화가 와서 행사 장소를 서천 국립생태원으로 정했으니 5월 4일 월요일에 다시 답사를 다녀오라는 것이었다. 나의 대답은 '노(No)'였다. 5월 1일 연휴에도 그렇고 5월 4일도 샌드위치 연휴였다.

내가 보낸 '노'라는 메시지는 이렇다. 이젠 후보지가 아니라 최종적으로 행사장이 확정되면 답사를 가겠다는 의지이며, 또한 답사를 가더라도 본인들 조직원은 연휴에 쉬면서 나의 조직원은 연휴에 답사를 가도 괜찮다는 그런 배려 없는 생각들에 대한 거절이었다.

5월 4일 또 메시지가 왔다. 내 판단에 또 앞뒤가 바뀐 업무 요청이다. 나의 대답은 역시나 '노'였다.

"저희 회사는 오늘 쉬는 날입니다. 5월 6일 해도 되는 일들을 본인 불안하다고 메시지나 전화로 하지 말아주세요. 좌석배치도는 5월 6일 출근해서 그려드리겠습니다."

경기도 화성에 답사를 가서 그다음 날 좌석배치도를 하루 종일 그려서 제출했고, 5월 1일 휴일에 직원들을 쉬지도 못하게 상주까지 달려가서 여러 가지를 체크했다. 그런데 고맙다는 말 한마디 없이 다른 장소가 잡혀 다시 답사를 가자는 이야기를 들으니 더 이상 방치해서는 안 되겠다는 생각에 추가 답사 요청에 '노'라는 대답을 한 것이다.

협력업체를 파트너로 생각한다면 이런 상황은 발생하지 않는다. 충분한 배려와 토의가 먼저 있었으리라. 파트너가 아니라 하청업체라는 생각 때문에 미안하지도 존중하지도 않는 판단에서 비롯된 행태 아니겠는가?

입장 정리를 하고 보니 나도 한결 개운했다. 건강한 관계는 자기를 먼저 보호한다. 언제나 남을 먼저 생각하느라 자기를 보호하지 못하는 관계, 자기 영역을 침범했는데도 그것을 인식하지 못하는 관계를 바로 세워나가자. 간단하다. '노'가 필요할 때, '노'라고만 대답해도 많은 것들이 정리되고 해결된다. 어쩌면 그걸 못해서 지금 이렇게 꼬여 있는 것들이 많은지도 모른다.

인간성과 탁월성(전문성)의 균형

"예전엔 인간성은 좀 덜 됐어도 일만 좀 잘하면 된다고 생각했는데, 쉰 살이 넘고 보니 조금 능력은 떨어져도 인간이 먼저 된 사람들이 조직에 많으면 좋겠어."

그룹장님이 갑자기 툭 던지신다.

나는 잠시 생각해본다.

'나는 어떠한가? 내가 지향하는 부분점은 어디인가? 워라밸을 외치는 이 사회적 분위기와 맞물려서 권리만 있고 책임은 없는 것 같은 불합리한 근무 태도에 대한 대표로서 느끼는 답답한 한계는 없는가?'

그러나 부인할 수 없는 것은, 나도 그렇다는 것이다. 일은 야

무지게 잘하지만 인간성은 제로인 사람보다는 조금 부족해도 성실하고 정직해서 함께 만들어가는 것에 대한 즐거움과 가치를 더 잘 이해하는 사람이 조직 내에 더 많으면 좋겠다.

대기업들은 탄탄한 인력과 자본, 시스템이 구축되어 있어 균형이 맞춰지겠지만 우리같이 제한된 인원으로 운영되는 회사가 마냥 사람 좋은 타령만 하고 있을 수도 없는 일이니 참 난감하다.

그러나 분명한 것은 인간성과 탁월성의 균형감은 일의 효율과 완성도 그리고 기업의 이익 창출에 매우 중요한 이슈임이 분명하다. 어떤 형태로든 균형감을 갖기 위한 개인과 조직의 노력이 지속적으로 필요하다.

천 번을 연습한 '단장의 미아리 고개'

2019년과 2020년을 강타한 〈미스트롯〉과 〈미스터트롯〉 열풍이 아직도 가시지 않는다. TV를 켜면 여기저기에 등장하는 트롯 가수들을 보면서 제2의 트롯 전성기를 실감하곤 한다.

이 프로그램을 즐겨본 시청자로서 내가 잊을 수 없는 장면이 있다. 그것은 결승전에서 불렀던 〈단장의 미아리 고개〉를 소개하며 송가인이 했던 말이다. 구성지게 부르는 송가인의 노래 실력보다 더 감동적인 그녀의 한마디가 있었다.

그 노래를 익히기 위해서 첫 소절, 첫 마디 '미아리 눈물고개'

의 첫 음인 그 '미'를 천 번 이상 연습했다는 것이었다. 천 번을 연습한 첫 음이라! 어떻게 감동적이지 않을 수 있을까? 어떻게 다른 사람을 설득시키지 않을 수 있겠는가?

나는 이것이 대한민국 최고의 트로트 가수로 탄생한 송가인의 비결이라고 생각한다. 그녀의 자신감 넘치는 범접할 수 없는 탁월성은 그녀의 이런 진심에서 묻어나온 끊임없는 도전과 연습에서 비롯된 것이다.

누구도 알아주지 않았던 무명 시절, 이동할 차량도 여의치 않아 대중교통으로 전국을 다녔던 그녀. 출연진 대기실이 별도로 없으니 화장실에서 옷을 갈아입으며 마을 잔치, 회갑이나 칠순잔치, 지역축제로 다니며 묵묵히 노래 불렀던 송가인.

그러나 내 인생 어느 날엔가 화려하게 꽃 피울 날이 있으리라 믿으며 묵묵히 '미아리~ 눈물고개~'의 첫 음을 천 번 이상 연습할 수 있는 에너지를 가졌던 그녀 송가인.

'미스트롯 진'이 되고 나서는 어떠한가? 동서남북 자신을 부르는 곳이라면 어디라도 마다하지 않고 찾아가서 서민들과 함께 손을 잡고 어깨를 덩실덩실거리며 삶의 애환을 노래하는 그녀는 인간성과 탁월성을 겸비한 이 시대 최고의 노래꾼이라고 나는 말하고 싶다.

진심으로 일하는 사람 vs 흉내만 내는 사람

포스코케미컬이 사명을 변경하기 전 '포스코켐텍 이차전지 음극재 제1공장 종합준공과 제2공장 착공식'을 세종시에서 개최했다. 포스코와 포스코건설의 거래처로는 오래전에 등록되어 있었지만 포스코케미컬과는 첫 거래여서 거래처 등록을 진행하고 있었다.

이 업무를 맡은 담당자는 내가 만난 사람 중에 최고로 친절한 분이었다. 거래처 등록을 하는 과정에서 어떤 불편함이 없는지, 물어보고, 살피고, 또 확인하면서 절차상에 어려움이 없도록 매우 세밀하게 전 과정을 챙겨주었다. 인간적이고 탁월한 업무 진행이었다.

계약을 하고 나서도 언제 어떤 과정을 통해서 결재를 받게 되고, 언제쯤 선급금과 잔금이 입금될 것인지에 대한 정보도 자세하게 공유해줘서 업무에 많은 도움이 되었다. 그 무엇보다 업무 파트너로서 진심 어린 배려와 존중을 받고 있다는 생각이 들었다. 정보를 공유해주는 방법도 다양했다. 때로는 카톡으로, 이메일로, 전화로 이야기해주었다. 이렇게 시시때때로 상대가 편안할 수 있도록 통신 방법도 다양하게 배려해주었다.

이와 반대되는 일도 있다. 다른 계열사에도 거래처 등록을 해야 했다. 마찬가지로 담당자에게 필요 사항을 요청했다. 담당자에게 들은 이야기는 아주 짧은 한마디였다. 자기는 잘 모르니 홈페이지에 들어가서 찾아보라는 것이다.

인간성도 전문성도 없는 행위다. 자기 회사의 거래처 등록을 자기가 모르면 누가 안단 말인가? 왜 그 자리에 앉아 있는지 상식적으로 이해가 되지 않는다. 이렇게 내가 담당하고 있는 업무 영역에서 인간성과 전문성의 균형을 갖추는 것이 사람과의 관계는 물론 업무 효율에서도 얼마나 필요한 일인지 한 번쯤 생각해 봤으면 좋겠다.

셀트리온 서정진 회장의 생명공학 독학기

문화체육관광부가 국립오페라단 이사장에 셀트리온의 서정진 회장을 임명했다고 한다. 처음에는 선뜻 이해가 가지 않았으나 곧바로 고개가 끄덕여졌다.

서정진은 셀트리온 회장이다. 그는 20년 남짓 셀트리온을 바이오시밀러(바이오 의약품의 복제약) 분야에서 세계적인 경쟁력을 갖춘 기업으로 키웠다. 서정진 회장은 자신이 제약 관련 학위는 없지만 전 세계 제약업계에서 자신을 모르는 사람이 없다며, 전 세계 어디에 내놔도 뒤처지지 않을 정도로 '전문성'을 확보해야 한다고 강조했다.

약학·의학, 생명공학 지식이 전무하던 서 회장은 독학으로 제약업계에 필요한 전문성을 쌓았다. 약학 논문을 찾아 읽었고,

일대일로 해부학 수업도 들었다. 사설 교육업체의 인터넷 강의를 반복 수강하며 생물학을 공부했다.

"성공의 필요조건이 전문성이라면 충분조건은 좋은 사람이 되는 것이다. 주위의 도움을 받지 않고 성공하는 사람은 없다. 관 뚜껑이 닫히기 전까지 실패라는 건 없다. 성공하지 않았을 뿐이다. 고통의 터널이 끝나면 반드시 빛이 나오기 마련이다. 실력이 있어도 똑똑한 척하지 않고 남의 잘못을 지적하기보다는 남의 장점을 칭찬하고 도움이 필요한 사람에게 먼저 손을 내미는 사람이 좋은 사람이다." ('성공한 사업가의 숨은 비결' 한양대 특강, 2017. 11. 30)

서정진 회장이 제약업계에 필요한 전문성을 갖추기 위해 노력한 과정들과 사업의 성공을 위해 사람들에게 먼저 손 내미는 모습들을 보면서 인간성과 전문성의 균형감각이 세계적인 제약회사로 발돋움할 수 있었던 최고의 비결이라고 확신하게 되었다. 국립오페라단이 앞으로 어떻게 발전할지 서정진 회장의 행보가 벌써부터 기대된다.

자금 관리

'운전은 한다. 그러나 차는 모른다.'

아주 오래전에 본 자동차 관련 광고 메시지였다. 셀프 정비 시대의 종료를 알리는 광고로 많은 화제를 낳았지만 참 대책 없는 메시지였다고 생각했다. 나의 안전, 나의 생명과 직결된 자동차에 대해 최소한의 속성과 메커니즘도 모르고 그저 운전만 하라는 건 운전자 자신에게도 예의 없고 무책임한 행동이라고 생각했다.

기업도 마찬가지다. "경영은 몰라도 됩니다. 모든 건 세무사 사무실에 맡기세요." 혹시 이러고 있지는 않은가? 법인 결산은 하는데 대차대조표는 몰라도 된다, 부가세는 내는데, 매입매출은 몰라도 된다, 재무재표는 보는데 자기자본율과 유동부채가 뭔지 몰라도 된다.

이런 회사에는 비전이 찾아오지 않는다. 설사 비전이란 선물이 찾아온다 할지라도 알아채지 못한다.

세무사 사무실은 만능 해결사가 아니다

나는 오랜 시간 경영 수업을 받거나 순차적으로 준비하면서 대표가 된 케이스가 아니다. 그러다 보니 경영이 무엇인지를 잘 모르고 대표가 되었다.그러나 마음 한편에 그런 생각이 있었다.

"그게 뭐 가계부와 별반 다를 게 있겠어? 들어올 돈과 나갈 돈만 잘 맞으면 되는 거지."

이렇게 쉽게 시작된 나의 희박한 경제, 경영 개념은 매출이 적을 때는 그나마 괜찮았는데 매출이 몇십억씩 늘어나면서 여러 가지 문제점들이 도출되었다.

다행히 우리가 있던 건물 1층에 있는 세무사 사무실과 계약을 맺고 연간 모든 업무를 위임했다. 자금의 입출금부터 회사의 급여 신고, 4대보험, 부가세, 원천세, 법인세 등등 회사의 모든 영역에 대하여 전권을 위임했다.

그러나 회사 입출금 내역은 자금일보를 매일 작성해서 월별로 주었고, 현금 지출, 카드 지출, 통장이체로 구분하고, 별도 요청이 있을 때 추가로 자료를 제출하기도 했다.

그렇게 몇 해가 지났을 때였다. 혹시나 해서 다른 세무사 사무실에 계시는 분에게 우리 세무사 사무실이 업무를 잘하고 있는지 크로스 체크를 한번 해달라고 요청했는데 여러 가지 문제점들을 발견할 수 있었다.

요즘도 사업하는 지인들 중에 세무사 사무실에서 다 알아서 해준다고 속 편히 얘기하는 사람들이 있다. 그러나 절대 그렇지 않다. 세무사 사무실은 만능 해결사가 아니다. 물론 그들은 최선을 다해서 나의 살림을 도와주고 있지만 모든 의사 결정은 내가 해야 된다. 그리고 그들의 도움이 빛이 나고 그들의 수고가 결실을 맺기 위해서는 내가 회사 살림을 자세히 들여다보고 파악할 줄 알아야 한다.

나의 살림을 무조건 남에게 맡기는 것은 직무유기다

이벤트 분야는 현장에서 지급되는 경비들이 많다. 사전에 예상된 큰 발주금액들은 사업자등록증, 통장사본, 견적서, 계산서 등이 오가고 나서 입출금 등이 완료된다. 그러나 현장에서 지불해야 되는 소모성 경비들이 수십 가지에 이른다. 현장 출연진 및 운영요원들의 도시락, 생수, 음료, 쓰레기봉투, 운반비, 교통비, 문구 구입비 등 이런 경비들이 큰 행사일 때는 몇십만 원에서 몇

백만 원에 이르기도 한다.

행사 후에 담당자들이 3일 이내에 결산하는데 어떨 때는 증빙 자료가 없다. 몇만 원이 없을 때도 있지만 몇십만 원씩 증빙 자료를 못 맞추는 담당자들도 있다. 지방출장이나 해외출장 등에서도 여러 가지 이유로 입출금이 안 맞은 사례들이 있기 마련이다.

그런데 문제의 발단은 여기서부터다. 세무사 사무실에서 그런 부분들을 그때그때 해결하거나 나와 상의했어야 했는데 몇 년간 임의로 처리했던 것이다. 결국 증빙 자료 없는 금액들이 모여 대표가 법인으로부터 몇 억 원을 가지고 간 것으로 처리돼 있었다.

그 당시에 우리 회사의 비전을 보고 누군가 좋은 조건으로 회사에 투자 내지는 인수를 하려는 움직임이 있었는데 그런 이유로 결렬되는 상황을 맞이하게 되었다.

그때 깨달은 것이 있다. 나의 살림을 전적으로 누군가에게 맡긴다는 것은 도박이다. 세무사 사무실 실장님이 찾아와서 죄송하다고 사과했지만, 법인에 기록되어 있는 결산의 흔적은 쉽게 지워지지도 처리되지도 않는다는 것이 함정이며 안타까운 현실이다.

아울러 나 또한 법인의 대표로서 아무리 바쁘다 할지라도 5년간 내 살림을 들여다보지 않은 것에 대해 변명의 여지가 없었기에 뼛속 깊이 반성하고 관련 공부를 시작했다.

아직도 세무사 사무실에서 내밀고 있는 대차대조표를 이해하지 못하고 있는가? 자기자본율, 유동부채율 등은 사업을 하는 데 꼭 이해하고 있어야 하는 개념들이다. 우리 회사를 진단하고, 건강하게 세우는 기초이기 때문이다.

오늘부터 자금일보를 쓰자

우리 회사를 다시 기초부터 튼튼하게 세우기 위한 첫걸음으로 오늘부터 회사 가계부를 써보자. 자금일보다. 나는 지난 15년간 자금일보를 내 손으로 매일 써왔다. 그래도 내 손으로 자금일보를 쓸 때는 설사 회사 통장이 마이너스라 할지라도 회사 돌아가는 것이 눈에 보인다.

세무사 사무실에서 바쁘니까 그냥 자금일보 쓰지 말고 연말에 알아서 맞춰주겠다는 말에 5년 정도 자금일보를 안 썼는데 그때 회사 상태가 가장 안 좋았다. 소위 깜깜이 경영이었다. 무계획은 파산의 지름길임을 깨달았다.

2020년 새 마음으로 새 출발을 했다. 올해부터 자금일보를 새롭게 부활시켰다. 우리 월드의 창업주이신 고문님이 매주 화, 금요일에 출근해서 한 주간의 살림을 자금일보로 남겨주신다.

정말 신기하게도 자금일보를 시작하니 돈이 돌기 시작했다.

매출도 오르고 통장에 돈이 마르지 않는다. 돈도 자기를 귀하게 여겨주고 관리해줄 때 그 자리에서 머무르나 싶다.

이젠 회사의 살림을 전적으로 세무사 사무실에만 의존하지 않는다. 그러나 세무사 사무실의 가치를 잘 활용할 준비가 되어 있기에 올해는 시행착오를 줄이며 많은 것들이 풍성해지리라 믿는다.

아는 만큼 보인다고 했으니, 회사의 살림을 더 많이 알고 배워서 더 빛나고 윤기 나는 살림으로 가꾸어나가보자. 그 첫걸음이 바로 자금일보를 쓰는 것이다. 우리 회사의 자금일보에 나의 진심을 담아보자. 오늘부터 시작해보자.

4장

함께 성장하다

_ 진심이 만들어주는 관계

무모하지만 아름다운 신뢰의 결과

철없는 직원을 묵묵히 기다린 회사 대표

30대 초반의 나는 여전히 내 인생에 자신이 없었다. 어린 시절의 아팠던 기억들, 원하는 대학에 들어가지 못한 좌절과 열등감, 여전히 벌어지고 있는 아버지와의 갈등 등 뭐 하나 내세울 게 없는 환경 안에 갇혀버렸다.

그런 시각으로 나를 바라보고 세상을 이해하고 있었기에 생산적인 것도 독창적인 것도 없었다. 그냥 세상이 지루하고 어떤 방향성을 가지며 살아야 하는지 크게 관심이 없었다.

그런 와중에도 내 시선이 갔던 곳이 바로 광고계였다. 교육기관을 찾아 관련 수업을 들으면서 조금씩 꿈을 찾아갔다. 그리고 어떻게 기회가 생겨 지금의 나를 있게 해주신 김정로 대표님의 회사로 들어가게 됐다.

당시 내게는 좋은 학벌이나 경력이 없었다. 이 업에 대한 이해도도 낮은 편이었다. 사무실 의자에 엉덩이를 붙이고 있는 끈기와 집중력은 더더욱 없었다. 기획서를 어떻게 써야 할지도 엄두가 나지 않았고, 기획서 작성에 필요한 파워포인트 사용 방법도 능숙하지 않았다. 업무 속도는 느렸고, 내게는 억겁과 같은 시간 동안 압박감에 시달렸다. 사무실에서 하루하루 버티는 것이 곤욕이었다.

그래서 나는 입사 후 한 달 동안 출근 도장을 찍자마자 밖으로 나가 정처 없이 시내를 떠돌아다녔다. 정말 대책 없는 나였다. 영화나 연극을 보거나 시장통을 쏘다녔다.

그날도 여느 때처럼 출근 후 사무실에서 나와 남대문에서 가락국수 한 그릇을 먹고 있는데 대표님으로부터 전화가 왔다.

"정희 씨, 지금 어디에요? 뭐 하고 있어요?"

호통을 쳐도 모자랄 판에 느닷없는 다정함이었다.

"저 남대문에서 국수 먹고 있어요."

"언제까지 돌아다닐 거예요?"

"네, 바로 들어가겠습니다."

나는 그때 알았다. 대표님이 바보라서 내가 밖으로 도는 것을 지적하지 않은 것이 아니라 나를 기다려준 것임을. 내가 마음의 준비가 될 때까지 기다려주셨다는 걸. 나는 젓가락을 내려놓고 즉시 회사로 들어갔다. 그리고 그날로 회사와 업무 부적응으로 인한 방황을 끝냈다.

열등감과 결핍을 채워주는 신뢰

나를 바라보는 대표님의 시각은 조금 남달랐다. 기획회의나 제작회의를 할 때 내가 제안하는 의견을 곰곰이 들으시면서 기획과 연출에 관한 아이디어가 너무 뛰어나다고 늘 칭찬해주셨다. 그리고 언제부턴가 나에게 늘 기획자로서의 자질도 충분하지만 경영자로서의 능력이 더 뛰어나다고 하셨다.

나는 처음에는 그 말을 믿지 않았다. 내가 항상 옳다니! 나의 생각이 항상 옳다니! 너무 낮은 자존감에 머물러 있던 내가 차마 마음에 담을 수 없었던 말이다. 그런데 계속 칭찬과 격려를 받고 보니 나의 내면 깊은 곳에 있던 상처들이 조금씩 치유되고 자신감도 회복됐다. 한 사람을 향한 지속적이고 따뜻한 진심이 결국 나를 살렸다. 일에 대한 재미를 붙이면서 나는 급속도로 성장했다.

그런데 회사의 형편이 좋아 보이지 않았다. '썩어도 준치라던데 괜찮겠지'라며 대수롭지 않게 넘겼지만 월급을 주네 못 주네 하는 소리가 들리기 시작하더니 결국 대표님과 나 그리고 다른 직원 한 명만 덩그러니 남았다.

대표님은 날마다 핏발이 가득 서린 충혈된 눈으로 출근을 했다. 당시 살던 아파트를 팔아 회사 빚을 갚고 나서 월세를 전전했고, 폐차 수준의 그랜저 한 대를 겨우 끌고 다녔다. 저렇게 사람이 망가지는구나 싶을 정도로 폐인이 되어가는 수순을 밟는 듯 보였다.

지인들이 내게 회사를 빨리 나오라고 말했다.

"너 거기 있어 봐야 소용없어. 사장 쫄딱 망했다며?"

"정희 씨, 이번에 새로운 회사를 차렸어요. 함께합시다."

"혼자 옮기기가 마음에 걸리면 정희 씨 팀원 모두 오세요."

수없는 우려와 제안들이 쏟아졌다. 그런데 이상하게도 나는 그 말들이 귀에 들어오지 않았다. 남들에게는 위기 중의 위기로 보였겠지만 의외로 나는 아무렇지 않았다.

사람이 살다 보면 아플 때가 있다. 감기도 걸리고 몸살도 걸리고, 더 나아가서는 불치병에도 걸린다. 그렇다고 해서 스스로 호흡을 멈추지는 않는다. 회사도 마찬가지다. 찬란한 날이 있으면 어두운 날도 있는 것이다. 이렇게 내가 나가버린다면 회사가 참 서운하겠다 싶었다. 그리고 철없던 신입사원 김정희를 믿고 기다려주신 그 마음을 잊을 수 없었다. 아파도 쉬지 않고 펌프질 하는 심장처럼 애쓰고 있는 회사를 보며 결국 이곳에 남기로 결심했다.

회사 대표를 기다려준 대범한 직원

새벽 5시에 일어나 출근을 했다. 출근길이 얼마나 기다려지고 설레던지, 밥도 출근하기 위해 먹고 잠도 출근하기 위해 잤다. 출근하기 위해 사는 사람 같았다. 회사로 이동하는 시간도 아까워 홍대에서 서초동 회사 근처로 이사를 했다. 돌이켜보면 어디서 그런 열정과 집중력이 나왔는지 모르겠다. 하지만 위기를 기회로 만드는 그 전환점이 나 스스로라고 생각했다.

출근을 하면 나는 사무실에 불을 환히 밝히고 모든 사물과 인사를 나눴다.

"전화기야, 오늘 나에게 좋은 소식을 많이 전해주렴. 팩스야, 오늘 우리 회사에 좋은 소식들 많이 보내줘. 컴퓨터야, 오늘 나랑 정말 잘해보자."

이어서 나는 대표실로 들어갔다.

"대표님, 제가 회사를 운영해볼 테니 대표님은 잠시 쉬시는 게 어떨까요?"

"정희 씨, 이렇게 회사에 빚이 많은데 어떻게 쉽니까."

"대표님, 지금 거의 폐인이신 거 아시죠? 밖에 나가면 부랑자인 줄 알아요. 이래서 미팅 다니시겠어요?"

"그래도……."

대표님도 흐트러진 자신의 모습을 떠올리며 말끝을 흐렸다. 서릿발 같은 기개는 사라진 지 오래였다. 한편으로는 빚만 잔뜩 있는 회사이지만 내가 사장 욕심을 내나 싶었을 것이다.

"그동안 직원들 월급 주시느라 애쓰셨어요. 이제는 제가 대표님께 드리고 싶어요. 유학을 가보시는 건 어때요? 새롭게 공부를 시작하면 새로운 길이 보일 거예요."

빚이 잔뜩 있는 회사의 일개 직원이 대표에게 유학을 가라고 했다. 결국 대표님은 미친 소리라고, 다시는 그런 말 하지 말라며 언성을 높였다. 하지만 1년도 채 안 되어 대표님은 미국으로 유학을 떠났고, 나는 이 업을 지키고 애써온 대표님에 대한 예우로 유학비 일체를 지원했다.

그리고 아무도 없는 빈 사무실에서 이벤트월드를 다시 시작하게 되었다. 입사한 지 4년 만에 나는 월드커뮤니케이션즈라는 이름으로 이 회사의 공식적인 대표가 됐다.

어쩌다 보니 CEO

나는 이곳에서 청소년기와 20대 시절에 갈망했던 자신감을 충전할 수 있었다. 무엇보다 내 삶에 대한 목마름이 있었던 차에 좋은 스승을 만나 조언과 가르침을 스펀지처럼 빨아들이면서 삶과 업무에 적용했다. 그렇기 때문에 쓰러져가는 회사를 붙잡기로 결심할 수 있었다.

20년이 지난 지금 나는 여전히 월드커뮤니케이션즈의 대표다. 전 대표님은 유학을 잘 마치고 돌아와서 새로운 시스템의 연출 방식들을 회사에 많이 전수해주셨다. 내가 새롭게 시도했던 미디어 관련 일들은 다 전 대표님의 영향이었다.

진심은 이렇게 두려움이 없다. 그리고 계산하지 않는다. 한 사람의 진심은 타인의 상처를 회복시켜 줄 수도 있을 뿐만 아니라 그 자신도 성장시킨다. 인생에서 아무것도 일어나지 않을 것 같은 절망과 좌절감 속에 서 있는가? 그러나 속단하기는 이르다. 당신에게도 꽃피는 봄과 같이 당신을 진심으로 믿어주고 기다려줄 사람이 분명 찾아올 것이다.

지금은
자기다움의 시대

대안적 가치의 삶 : 자기다움

시대가 많이 변했다. 바야흐로 '꼰대들의 시대'는 가고 '밀레니얼 시대'가 도래했다. '생존의 가치'와 '자기 표현의 가치'로 극명하게 대비되는 세대 간의 가치관 차이를 이해하고 따라가기 바쁘다. 그러나 내가 살아온 가치관이 전적으로 옳다는 아집과 편견을 내려놓고 밀레니얼 세대들을 들여다보면 그들의 진정성과 자기다움에 박수를 보내지 않을 수 없다.

기성세대가 한 방향을 위해 달리며 무조건적인 성장에 가치를 두었다면, 밀레니얼 세대는 자기만의 취향으로 행복에 우선적인 가치를 둔다. 기성세대가 빠른 성장이라는 가치 속에 공공의 목표를 위해 개인의 선택을 희생했다면, 밀레니얼 세대는 자기다움을 잃지 않으며 개인의 선택과 취향을 존중받는 느슨하고 자연스러운 연대를 꿈꾸고 있다. 그들은 다른 사람이 계획한 미래에 살지 않고, 자신들이 계획한 오늘을 사는 사람들이다. 그 온전한 오늘을 살아가는 자신만의 공간을 지켜낼 수 있는 동력은 어디에서 오는가? 바로 자기다움이라는 진정성과 진심에 있다.

자기다움이란 진정한 나다움을 뜻한다. 그것은 누구와도 비교되지 않는 나만의 존재감이다. 그 존재감의 핵심적 요소는 자기만의 독특한 고유성이라고 할 수 있다. 자기만의 독특한 고유성을 잃지 않는다는 것은 자신의 가치를 인지하고 인정한다는 것이다. 결국 자기다움은 다양한 사회적 가치의 기준과 규범과 통념들이 자신을 함부로 판단하고 재단하지 않도록 지켜내는 힘이자 지혜로움이라고 할 수 있다.

자기다움으로 이뤄가는 성장

지역의 자원에 유무형적인 가치를 덧입혀 자신만의 새로운 콘텐츠로 확장시켜 나아가는 전문가들을 '로컬크리에이터'라고 한다. 그들은 도시재생과 같은 공공의 영역과, 지역경제활성화라는 비즈니스 영역으로 크게 나뉘어서 지역을 중심으로 활동한다. 이들의 공통된 특징은 서울 또는 도심의 삶을 떠나서 자신의 고향 또는 자신이 뿌리내리고 살아갈 제2의 고향을 기반으로 살아간다는 것이다.

그들의 삶 자체가 라이프스타일의 제안자가 되고, 그들의 삶 자체가 도시를 재생시키고 지역의 경제를 활성화하며 지역 또는 지역민과 상생한다. 그들은 자신들의 삶을 남들과 비교하지 않는다. 자신만의 행복, 가치 그리고 같은 생각을 가진 사람들과의 연대와 그것을 통한 행복 공동체를 꿈꾸며 오늘도 자기답게, 즐겁게 살아간다.

중소기업청 산하의 창조경제혁신센터를 중심으로 전국에 약 20여 개의 창조경제혁신센터에서 그들을 지원하고, 교육하는 등 다양한 채널로 성장을 돕고 있다.

제주 '해녀의 부엌'의 김하원 대표는 한국예술종합학교에서 연기를 전공했다. 집안 대대로 해녀의 집안이었는데 해녀들이 사라져가는 환경이 안타까워서 제주도의 큰 자원인 해녀 문화를 계승 발전시켰다. 해녀분들이 바다 깊은 곳에서 물질을 해온 싱싱한 해산물로 요리를 하고, 극장을 만들어 자신이 전공한 연극과 문화예술을 접목해서 공연을 하는 등 지역 자원, 음식, 공연 등 몇 개의 아이템을 복합적으로 융합해서 '해녀의 부엌'이라는 제주 지역의 명품 공간을 만들었다.

다른 로컬크리에이터들도 많이 있지만 나는 그녀가 가업을 잇고 있다는 것에 주목했다. 그것은 엄마와 할머니 세대의 자기다움을 유지하며 함께 연합할 수 있는 가능성의 표본이라고도 할 수 있어서 그녀의 행보가 자못 기대된다.

강원도에 '칠성조선소'도 가업을 잇는 프로젝트다. 65년의 역사와 전통이 있던 조선소, 그러나 사라져갈 위기에 있었던 그 공간을 새롭게 재탄생시킨 장본인은 창업주의 삼대손인 최윤성 대표다. 산업화 시대에는 환영받았던 조선소가 시대가 변화하면서 찾는 이가 없으니 폐허가 되는 것을 넘어서 흉물이 되어가고 있었다. 최윤성 대표는 공간을 재탄생시켜서 지역민과 관광객들에게 사랑받는 복합문화공간으로 탈바꿈시켰다.

이들은 자기다움을 잃지 않고 지역 자원을 다른 형태로 변모시켜서 도시재생과 문화 상품 제공 등을 동시에 이루고 지역과 상생하며 성장하고 있다. 말할 것도 없이 그들이 최고로 추구하고 있는 가치는 상생을 통한 행복이다. 그리고 자기다움으로 자기 일을 하는 것이다.

100세를 살아보니

입찰을 준비하고 있는 시점이었다. 참여자들의 이력과 경력 사항이 첨부서류로 제출되어야 하는 상황이었다. 단기 인턴 사원인 J에게 그 서류를 요청하자 무언가 머뭇거렸다. 나는 단박에 짐작이 갔다. 서류를 챙기는 직원이 자신의 학벌을 알게 될까 부끄러운 것 같았다. 그래서 J는 인턴이니 서류에서 제외하자고 미리 손을 써서 그의 마음을 조금 편안하게 해주었다.

이야기를 나눠보니 여러 가지 열등감이 그를 사로잡고 있어 자신이 얼마나 빛나고 아름다운 청춘인지를 본인만 모르고 있었다. 누가 이 젊고 아름다운 젊은이를 세상에 둘도 없는 패잔병의 심정으로 살게 했을까? 안타까운 맘이 들었다. 이 아름다운 청춘에 대한 예의가 아니다.

"J야."

"네, 대표님."

"어제 퇴근하고 집에 들어갔는데 마침 MBN에서 김형석 교수님 강의를 하길래 잠간 봤거든."

"그런데요?"

"김형석 교수님 알지? 현재 100세이신 연세대학교 철학과 교수님. 그런데 그 연세에 강연을 하시는데 다리를 꼬고 앉으신 거야. 정말 너무 귀여우시더라. 100세가 되어도 나름의 이미지 관리를 하신다는 생각이 들기도 하고, 아무튼 그 자신만의 고유성을 가지고 말씀을 이어가시는데 좋더라고. 그런데 그분이 그런 말씀하시더라."

"어떤 말씀인데요?"

"내가 백 살을 살아보니, 대학 안 나왔다고 열등감을 가지고 80년을 사는 사람들이 제일 어리석대. 대학교에서 배우는 배움과 공부는 잠시인 거고, 우리는 평생 삶을 통해 배우는 걸 포기하지 말아야 하는데, 그 몇 년을 대학에서 못 배웠다고, 평생을 신세 한탄하고 원망하고 열등감 속에 찌들어서 자신 있게 살지 못하는 게 너무 안타깝고 어리석다고. 제발 그렇게 살지 말라고 당부하고 싶다고."

J의 눈이 번쩍 뜨였다. 아마도 자신에게 위로와 용기가 되는 말이었으리라. 그 마음을 느낄 수 있었다. 얼마나 듣고 싶은 위로였는지를 그의 눈빛에서 읽을 수 있었다.

"이어서 교수님께서 한말씀 또 하셨어. 대학 4년 공부했다고 70년을 우쭐거리면서 사는 사람들이 제일 어리석대. 배움은 평생의 이치인데 대학 4년 공부한 게 무슨 벼슬이나 되는 것처럼 우쭐대면서 인생의 모든 순간과 시간과 공간 속에서 배움을 가지려 하지 않는 것이 제일 불쌍한 사람들이라고 하시더라."

J의 눈이 더 빛났다. 그런 사람들을 이해한다는 뜻이다. 그런 사람들을 많이 만났고 그 와중에 대학교를 못 나와서 본인도 유무형의 피해를 보기도 했다는 의미다.

세상과 나다움을 직거래하다

살다 보면 "나 같은 게 뭘……"이라는 말을 할 때가 종종 있다. 그런데 이 말은 나 자신의 가치를 못 보고 있다는 뜻이다.

어쩌다 이런 말이 입버릇처럼 나오게 됐을까? 아마도 한 방향으로, 일사분란하게, 빠르고, 많이, 남들처럼 나도, 네가 가진 그것보다 조금 더 많이……, 이런 생각들이 만연한 사회가 우리를 키, 외모, 학력, 가정환경 등으로 등급을 정해버렸기 때문일 것이다. J처럼 현대를 사는 소시민인 우리의 모습도 이 등급에서 자유롭기 힘들다.

그러나 이젠 세상이 바뀌었다. 요즘은 1인 크리에이터 시대다. 이것은 세상과 나 자신을 직거래할 수 있다는 의미이기도 하다. 내가 한 업종에서 10년을 넘게 있었으면 그 분야에서 전문가다. 그런 전문성을 살려 어느 회사의 조직에 들어가서 조직원으로 일할 수도 있지만, 내가 가지고 있는 지식을 콘텐츠로 가공해서 얼마든지 세상과 직거래할 수 있다. 신나지 않는가? 전문가 플랫폼에 스스로의 경험을 얹어놓기만 하면 수없이 많은 가능성이 바로 눈앞에 활짝 열린다.

바야흐로 보통 사람의 시대다. 중·고등학교 때 게임만 하며 부모님의 걱정거리였던 문제아는 연봉 17억 원을 벌어들이면서 유튜브의 신으로 자리매김을 했다. 몇천 명부터 몇만 명의 팔로워를 거느리고 있는 SNS의 인플루언서들은 자신들만의 독특한 감성으로 팔로워들과 소통하며 자신의 가치를 세상에 증명하고 있다. 이 모든 사람들이 보통 사람들이다.

이제 자신만의 콘텐츠만 있다면 세상 어디라도 자신을 선보일 수 있는 창구가 여기저기 널려 있다. 유튜브를 포함해서 페이스북, 인스타그램, 블로그에 이르기까지 내 생각뿐만 아니라 내 라이프스타일을 전 세계인들에게 판매할 수 있는 시대다.

우리 한 사람 한 사람은 소우주다. 그만큼 독특하고 광활하고 아름답다. 나의 모습 그대로, 나의 취향대로, 나의 속도로, 나의 고유함으로 비교하지 말고 가자. 누군가는 자기다움은 자신의 마음을 지키는 기술이라고 했는데, 그 기술도 배우고 지혜도 배우고 연습해서 먼저 나다움을 지켜나가자. 삶의 예찬! 아무리 넘쳐나도 지나치지 않다.

내 마음을
다스리는 법

"사람의 삶에 마지막까지 영향을 미치는 것은 외부 환경이나 상황 등 그들의 조건이 아니라 그 사람 존재 자체다."

《당신이 옳다》의 저자 정혜신의 말이다. 내 고통에 진심으로 눈을 맞추며, 내 이야기를 듣고 또 듣는 사람, 내 존재에 집중해서 묻고 또 물어주는 사람, 대답을 채근하지 않고 먹먹하게 기다려주는 사람. 그 '한 사람'이 있으면 사람은 살 수 있다고 한다. '나' 이야기, 내 존재 자체에 대한 이야기의 불씨가 지펴지면서 존재와 존재의 연결이 사람에게 생명을 부여하기 때문이다.

누군가의 존재 자체가 주는 그 무한한 영향력, 그 관계의 깊고도 심오한 아름다움을 깊이 생각하다 보니 문득 보고 싶은 얼굴이 하나 있다. 나에게 손을 내밀었던 그녀에게 시간을 내어 마음과 눈을 맞췄다면 어땠을까. 그녀를 생각하니 밀려오는 아쉬움에 마음 둘 곳이 없다.

뉴욕에서 전해 들은 비보

인천 송도국제도시를 개발하고 있는 주요 시행사와 건설사 관계자들과 미국에 있을 때의 일이다. 나는 LA와 뉴욕에서 현지 한인들을 대상으로 송도 홍보와 마케팅에 열을 올리고 있었다. 그때 난데없는 소식을 듣게 되었다. 함께 일하던 협력사 직원의 자살 소식이었다. 그녀는 송도 프로젝트 광고 분야의 핵심 멤버였기에 미국에 있던 관계자들도 익히 얼굴을 알고 있었다.

"김 실장 소식 들었어요? 그 회사는 퇴직했다던데 어떻게 이런 일이……."

"퇴직하고 더 좋은 곳으로 갔다고 들었어요. 너무 충격이네요."

사람들은 조심스럽게 그녀의 이름을 입에 올렸다. 이러쿵저러쿵 수많은 말들이 오갔지만 그 역시 잠시뿐이었다. 사람들은 다시 본인의 업무로 돌아갔고, 몇 시간 안에 생긴 새로운 이슈에 또 몰두했다. 시간은 정해져 있고, 떠나기 전까지 미국에서 해야 할 일들이 많았기 때문이다. 나 역시 다시 업무로 돌아갔지만, 참담한 마음을 쉽게 지울 수가 없었다.

사실 미국으로 출장 오기 전 김 실장에게 전화가 왔었다.

"대표님, 잘 지내시죠? 저 이직했어요."

새로운 환경에 놓인 그녀의 목소리는 활기차고 열정적이었다.

"김 실장, 소식 들었어요. 더 좋은 곳으로 갔다면서요?"

"네, 안 그래도 새로운 프로젝트를 하나 맡았는데 대표님께 조언을 구하고 싶어요. 제가 쓴 제안서를 보내드릴 테니 검토해 주실 수 있으세요?"

"당연하죠. 메일 보내주면 제가 확인한 후에 회신할게요."

그렇게 업무 이야기를 나누고 전화를 끊으려는데 그녀가 한마디 툭 던졌다.

"그런데 대표님, 제가 개인적으로 상의드릴 게 있는데 시간 좀 내주실 수 있으세요?"

그녀의 갑작스러운 제안에 스케줄 표를 확인했다. 하지만 며칠 후 미국 출장인 데다 처리해야 할 일들이 너무 많았다.

"전화로 얘기하면 안 될까요? 미국 출장이 있어서 당장은 시간 내기가 어려워요. 괜찮으면 다녀와서 볼까요?"

"네, 그래 주시면 감사하죠."

뭔가 할 말이 있는 듯했지만 나 역시 선택의 여지가 없었다. 나는 그녀의 요청대로 제안서를 확인한 후 메일을 보냈다. 정성껏 리뷰해준 제안서를 첨부하고 메일 마지막 문단에 미국에 다녀온 뒤 밥 먹으며 신나게 이야기를 나누자고 썼다. 하지만 그것이 그녀와의 마지막 대화였다.

그녀의 비보를 듣고 곰곰이 생각해보니 그녀가 가끔씩 나에게 하던 자신의 이야기가 SOS는 아니었을까 싶었다. 늘 날 선 평가를 받아야 하는 현장의 상황들이 그녀는 너무 힘들다고 했다. 회의에 참석해서도 예의 없게 오가는 말들 때문에 너무 많은 상처를 받곤 했다. 프로젝트를 향한 모진 말들이 자신이 거부당하는 것으로 여겨진다고 했다. 나는 선배로서 그 가녀린 등을 토닥여주는 것밖에 하지 못했다.

지금 생각해보면 나도 그녀와 같은 업무 스트레스에 놓여 있긴 마찬가지였다. 늘 날 선 평가를 받아야 하는 것은 대행사에서 근무하는 사람들의 숙명이라고 할 수도 있다. 그런 관점에서 동질감을 가지고 내가 그녀에게 눈과 마음을 맞추고, 듣고 또 들어주는 그 한 사람이 되었더라면 얼마나 좋았을까 하는 아쉬움이 크게 남는다.

어떤 큰 이론이나 학문의 깊이가 없다 하더라도 우리 존재 자체가 얼마나 귀하고 아름다운 것인지를 매일매일 확인시켜주고 격려해줄 수 있었다면 얼마나 좋았을까. 그런 생각을 하니 너무 안타까웠다. 일을 진행해나가는 과정과 성과에서 오는 스트레스는 없을 수 없겠지만 일과 나 자신을 조금 분리할 수 있는 혜안이 우리에게 있다면 얼마나 좋았을까?

일상의 치유자 '적정 심리학'

2010년 전후로 인천 송도국제도시에 살고 있는 주부들을 중심으로 인터넷 카페, 블로그 등 주부 커뮤니티들이 생기기 시작했다. 이에 발맞춰 우리의 클라이언트들도 오프라인 프로모션 중심에서 온라인 프로모션의 중요성을 인식하기 시작했고, 어떤 프로젝트가 진행될 때 회사도 온·오프라인 업무 병행을 위해 준비해야 했다.

새로운 영역이다 보니 나 자신도 온라인 비즈니스의 세계를 알아가야 했고 성공적인 프로젝트 진행을 위해 회사는 온라인 분야의 인재들이 필요했다. 나는 먼저 외부에서 인재들을 영입하기보다는 내부에서 팀을 꾸려보기로 했다. 기존에 송도 일을 제일 많이 했던 문 과장을 필두로 온라인 팀을 발족했다. 모두가 온라인 비즈니스에 밝은 편이었고, 사이월드부터 페이스북, 카카오스토리까지 SNS를 활발하게 하는 직원들이어서 클라이언트의 요청에 잘 부응하리라는 생각에서 주저 없이 그렇게 진영을 갖췄다.

송도국제도시 마케팅에 필요한 프로모션을 모두 기획해서 컨펌을 받았고, 이어서 네이버 블로그와 페이스북 오픈을 앞두고 디자인, 콘텐츠, 운영안까지 모두 컨펌을 받았다. 그리고 그 사이트를 어떻게 운영할 것인지에 대하여 디테일한 회의를 마쳤다. 홍보팀 최고 의사결정권자는 대만족이었다.

그런데 마지막 회의가 끝나기 전에 홍보팀 과장이 우리 회사의 담당 과장에게 자기는 솔직히 우리 회사랑 온라인 일을 하기 싫고 다른 회사랑 하고 싶다고 얘기를 하는 것 아닌가? 전혀 예상하지 못했던 상황이었을뿐더러 그 이유가 황당했다. 그냥 하기 싫다는 것이었다.

우리는 오프라인 회사라서 아무래도 온라인 쪽의 전문성이 떨어질 것 아니냐는 것이다. 어찌 보면 맞는 말이기도 하다. 그러나 10여 년 전만 해도 콘텐츠가 먼저이고 그것을 실행하는 기술과 프로그래밍은 전문 개발사와 협력하면 되는 일이었기에 우리 회사가 프로그래밍을 하는 회사가 될 필요는 없다고 생각했다. 기획사인 우리가 프로젝트를 실행하기 위하여 무대, 음향, 영상, 조명 등을 다 갖추고 있지 않은 이유와 같은 것이다.

문 과장은 충격이 너무 컸던 모양이다. 지난 5년간 맡은 프로젝트마다 성공적이었고, 온라인도 제일 심혈을 기울여서 기획했기에 실망도 실망이거니와 자존심이 깊이 상한 눈치였다. 그런데 문제는 여기서 끝나지 않았다. 그날 미팅의 심리적인 충격으로 문 과장은 몸과 마음이 피폐해져서 결국 사직으로 마무리를 하게 되었다.

내가 어찌할 수 없는 한계를 또 한 번 느꼈다. 아픔을 겪고 있을 때, 그 상처와 아픔을 함께 나눌 수 있는 공감의 핵심 기술을 내가 가지고 있었더라면 결과는 조금 달라지지 않았을까 하는 생각이 든다.

《당신이 옳다》의 저자 정혜신의 말에 따르면 결국 심리적 CPR은 장대비처럼 '공감'을 퍼붓는 일이라고 한다. 결국 사람을 구하는 힘의 근원은 '정확한 공감'이라는 것이다. 그 이후에 나는 누군가의 아픔에 조금이라도 공감하기 위해 필요 이상으로 주의를 기울이는 편이다.

우리의 치열한 비즈니스 현장에서 목표와 성과를 위해 헌신짝처럼 버려지는 우리의 감정들, 자신의 이야기를 들어줄 사람이 없어서 방황하고 고민하는 사람들에게 나의 삶의 자리에서 잠깐이라도 존재 자체를 바라봐주고 들어준다는 것, 그 사람을 살려내는 아주 중요한 삶의 기술이자 치료제인 것 같다.

호감에 호감을 더한다

대한민국 플리마켓의 시작, 송도 굿마켓의 탄생

JTBC가 2월부터 시작한 〈유랑마켓〉이라는 프로그램이 있다. 스타가 자신의 물건을 직접 동네 주민과 거래하며 집 안에 잠들어 있는 물건들의 가치를 되새겨보는 프로그램이다. 첫 회의 주인공이었던 서언&서준의 엄마 '문정원'을 시작으로, 중화요리계의 살아 있는 전설 '이연복 셰프', 소녀시대의 '효연', 스타 크리에이터이자 원조 초통령 '도티' 등 유명 의뢰인들의 출연으로 더욱 화제가 되었다.

이 프로그램을 지켜보면서 형태는 다르지만 본질적으로 같다고 할 수 있는 벼룩시장의 효시가 생각났다. 바로 송도의 벼룩시장, 송도 굿마켓이다. 송도 굿마켓을 기획하고 성공리에 안착시키기 위해 애썼던 모든 시간들이 주마등처럼 스쳐 지나갔다. 정말 값진 소득이었다.

지금 인천 송도는 국제도시로서의 위상이 날로 높아지고 있다. 인천경제자유구역(IFEZ)은 2003년 대한민국 최초의 경제자유구역으로 지정된 후 세계 최고 수준의 비즈니즈·거주 환경을 조성하기 위해 끊임없이 노력해왔다. 그 노력의 결과로 현재는 수천 개 기업체와 GCF(Green Climate Fund)를 비롯한 15개 국제기구, 외국 유명 대학이 입주하고 35만 명 이상이 거주하는 글로벌 도시로 성장하였다.

그러나 지금부터 15년 전, 송도의 사정은 그리 녹록지 않았다. 글로벌 도시라는 지향점을 가지고 출발했으나 투자 유치뿐만 아니라 국제도시의 위상에 걸맞은 교통, 문화, 교육 등 중요한 인프라가 미흡해서 다른 위성도시처럼 전락하는 것은 아닌가 하는 우려의 목소리가 매우 높았다.

내가 송도에서 벼룩시장을 처음 시작한 것은 송도국제도시를 본격적으로 프로모션하면서부터다. 송도국제업무단지 개발을 담당하고 있는 주최사에서 송도의 대표적 이벤트로 자리 잡을 수 있도록 기획하고 실행했다.

처음에는 가볍게 영어 벼룩시장부터 시작했다. 송도컨벤션센터에서 개최된 영어 굿마켓은 파주 영어마을과의 연계를 통한 다양한 영어 체험 프로그램들로 구성되었다. 모든 벼룩시장 프로그램들이 영어로 운영되었고, 모든 행사가 성황리에 마무리 되었다. 특히 아름다운가게가 부분적으로 참여해서 진행했던 공정무역커피가 참가자들에게 큰 반향을 일으키며 아름다운 소비, 착한 소비 등이 새로운 화두로 떠올랐다.

그 여세를 몰아서 외국인뿐만 아니라 내국인들도 참여할 수 있도록 확대한 굿마켓이 송도 내의 커낼워크에서 이어졌다. 행사가 회를 거듭할수록 폭발적으로 늘어난 셀러들과 방문자들을 커낼워크에서 수용할 수가 없어서 송도에서 가장 아름다운 모습을 가지고 있는 센트럴파크로 행사 장소를 옮겨 확대 진행했다.

송도에서 가족 단위의 나들이 인구가 가장 많았던 센트럴파크에서 진행하는 만큼 가족 단위의 방문객들이 주말 나들이를 즐길 수 있는 다양한 공연을 기획했다. 지역과의 연계를 위해 지역민과 단체들이 많이 참여하게 했다.

송도국제도시에 근무하고 있는 외국인들로 이루어진 외국인 밴드 '디퍼런트 그레이브(Different Gravy)', 송도 채드윅 국제학교 선생님들로 이뤄진 밴드 '소크라테스의 세미나(The Socratic Seminars)', 인천대학교 록밴드 '크레퍼스', 포스코건설의 사내 동호회 등 다양한 시민과 단체들이 참여해서 만들어가는 콘텐츠를 구성했다.

봄이 오는 계절에 꽃이 화들짝 피어나는 포토존을 만들고, 여

지역 브랜딩으로 성공한 송도 굿마켓

름에는 북극곰이 살아 있는 쿨존, 가을이 오면 우체국 앞에서 책장을 넘기는 듯한 입체적인 무대와 포토존을 제공했다. 특히 할로윈 같은 특수 절기에는 모든 의상과 분장을 콘셉트에 맞게 입고 오도록 안내해서 참여하는 재미, 사진 찍는 재미도 쏠쏠하게 제공했다.

아울러 명사들의 소장품을 경매해 얻은 수익금을 기부하는 굿옥션(Good Aution) 코너도 만들었다. 지역의 명사들이 제공한 물품들을 현장 경매 방식으로 판매해서 그 수익금을 지역의 아동센터에 기증했을 뿐만 아니라 기아 대책 부스에서는 시민들과 나눔 노트를 만들어 캄보디아 어린이들에게 보내주었다.

송도 굿마켓에 나들이 온 참여자들을 위한 먹거리 부스는 필

수 코스다. 이 또한 지역경제 활성화에 조금이라도 기여하고 싶어서 지역에서 가게를 운영하는 사장님들을 일일이 찾아뵙고 설명을 드리고 행사 당일 현장에 와서 많은 분들에게 먹거리를 제공해줄 수 있도록 했다.

처음에는 설문조사를 통해 방문한 지역의 분포를 조사했을 때 전국 단위의 참가에 놀랐고, 방송국 3사의 취재 열기가 놀라웠다. KBS는 굿마켓을 준비하는 우리 직원들의 일거수일투족을 카메라에 담았다. 전날부터 행사를 준비하는 현장의 모습, 직원들 인터뷰까지 빠짐없이.

이것을 기획하게 된 가장 큰 단초는, 소비자 트렌드 분석을 통해서 소비 패턴이 착한 소비를 선호한다는 것이었다. 내가 무엇을 하나 사더라도 그 소비가 다른 사람을 돕는다면 더 보람을 갖는다는 것이다.

그래서 우리는 한 번 개최할 때마다 3만 명 이상 참여하는 송도의 명물 송도 굿마켓을 탄생시켰고 지금도 우리 사무실에는 송도 굿마켓 문의 전화가 하루에도 몇 통씩 걸려온다. 아직도 눈에 선하다. 송도 센트럴파크 산책로를 따라 길게 늘어서 있던 판매 부스와 송도 인근뿐 아니라 전국에서 참여해준 참가자들이 소풍 온 듯 즐겁고 신났던 그 자리의 추억이 말이다.

'좋은 광고는 좋은 광고주가 만든다'는 말이 있다. 광고주가 제일 많이 생각하고 제일 많은 솔루션을 가지고 있다는 의미다.

송도 굿마켓이 탄생하고 그것을 몇 년간 성공적으로 실행할 수 있었던 것도 그런 맥락으로 볼 수 있다. 함께 기획하고 제작하며 지속 가능하게 발전할 수 있었던 원동력은 전문가를 전문가로 인정하며 든든하게 지원해주었던 소중한 우리의 광고주 덕분이었다는 것을 새삼 다시 깨닫는다.

Be
Together

1인 기업의 한계점

2017년은 내게 특별한 한 해였다. 인생 후반전에 필요한 새로운 가치관, 새로운 사람들을 만나게 된 시작점이었기 때문이다. 약 20년간 다사다난했던 법인의 모든 활동들을 최소화하고, 1인 기업으로 전환하면서 변화된 회사의 기류에 적응하느라 힘들기도 했던 해였다.

1인 기업으로 전환하면 그에 맞게 여유 있는 하루하루가 되리라 생각했지만 눈코 뜰 새 없이 바쁘게 흘러갔다. 일이 많아서가 아니라 일할 사람이 없으니 혼자 일에 치여 죽기 일보 직전이었다.

이렇듯 1인 기업이 예전의 호사를 그대로 누릴 수만은 없었다. 직원을 줄였으니 일의 양도 줄었고, 매출이 줄었으니 그만큼 수입도 준 것은 당연지사였다. 그러나 20여 년 가까이 된 우리 법인의 살림이 그렇게 호락호락한 규모가 아니었다는 것을 피부로 느끼기까지 그리 오랜 시간이 걸리지 않았다.

1인 기업이기에 당장 눈에 보이는 임대료와 인건비는 줄었을지 몰라도 덩치가 있는 법인을 운영해오면서 금융 비용이 꽤 많은 비중을 차지하고 있었기에 어떻게든 규모의 경쟁을 해야 하는 상황이었음을 뒤늦게서야 깨닫게 된 것이다. 말이 좋아 1인 기업이지 정말 대책이 없는 결단이었음이 여실히 드러나는 순간이었다.

그러다 보니 갑자기 마음속에 어려움이 찾아왔다. 이렇게 20년을 한결같은 마음과 한결같은 모습으로 열심히 내 길을 걸어왔건만 결국 이런 후회와 아쉬움을 갖자고 그렇게 죽자고 고생하면서 여기까지 왔던가? 이런 회한이 밀려오기 시작했다. 당장 부도가 난 건 아니지만 앞으로 어떻게 회사의 매출을 올리면서 살아가야 할지에 대한 무거운 책임감과 두려움이 나를 짓누르기 시작했다.

아울러 나는 그동안 무얼 위해서 살았고, 나는 이제 어디로 가야 한단 말인가 하는 질문들이 꼬리에 꼬리를 물며 갑자기 나의 모든 삶이 허무해지기 시작했다. 이렇게 가다가는 나의 정신이 온전해지지 못할 것 같았다.

우리는 서로에게 귀인(貴人)이다

더구나 대학원 진학으로 인한 업무 시간의 절대 부족도 매출 감소에 한몫했다. 2011년도에 연세대학교 언론홍보대학원에 입학해서 광고홍보 전공으로 석사를 취득하고, 2017년도에 이화여자대학교 신학대학원에 다시 입학하게 되었다.

신학이라는 새로운 학문과 새로운 기류의 신앙으로 살아온 지난 날들을 성찰하며 나의 후반전을 준비하고 싶었다. 1인 기업으로 전환 이후에 갖게 된 나를 향한 질문들을 풀어나가고 싶었다.

신학 공부를 하면서 '나는 누구인가?'라는 근본적인 질문에 스스로 답을 찾아가는 과정이었으며 내 인생 후반전의 밑그림을 다시 그리는 계기가 되었다.

그런데 모든 걸 다 가질 수는 없는 모양이다. 심적으로는 안정이 되어가고 의미와 보람을 찾으며 대학원 생활이 너무 즐겁고 기뻤다. 그런데 대학원에서의 많은 수업과 수업 시간의 발제와 시험, 회사 프로젝트 관련 미팅과 기획서 작성과 제작 등 여러 가지 일들을 혼자 해내려다 보니 감당하기 어려운 상황들을 계속 맞이하게 되었다.

이때 대학원에서 만난 최자은 선생님이 옆에서 지켜보다가 나를 도와주기 시작했다. 프로젝트가 있을 때 기꺼이 행사장에 와서 해결사 역할을 해주었다. 왠지 모르게 그녀와 함께하면 숨통이 트였다.

2018년 한 해 동안 최자은 선생님과 전국 어디든 일이 있는 곳은 주저하지 않고 다녔다. 가끔씩 대학원 수업을 빼먹기도 했으며 지방에서 미팅을 마치고 수업 시간에 출석하기 위해서 고속도로를 달렸던 기억이 새롭다. 이렇게 최자은 선생님은 내게 참으로 필요한 사람이었다.

그녀의 아름다운 고백 : "제 선택은 당신입니다"

2018년 마지막 날, 송구영신 예배에 참석하기 위해 지하철을 타고 교회로 가는 길이었다. 한 해를 마무리하는 마음은 누구나 같을 것이다. 감사와 후회가 교차하며 한 해의 마지막에 의미를 더해준다.

1인 기업으로 전환해서 반절의 성공, 반절의 실패를 경험한 내게 가장 큰 소원이 하나 있다면 최자은 선생님과 함께 월드에서 2019년 새해를 맞이하는 것이었다. 그러나 아직 내가 준비되지 않았기에 정식으로 일해달라고 요청하지 않은 상태였다. 그리고 2018년은 지난 20년간 경영을 해오면서 가장 어려운 시기여서 더욱 조심스러웠다.

지하철에서 이런저런 상념에 빠져 있을 때 최자은 선생님에게서 메시지가 왔다. 반가움에 지체 없이 읽어 내려갔다. 그 내용을 읽는 순간 내 눈에서 뜨거운 무엇이 흘러내렸다. 그녀가 내게 보내온 메시지의 전문이다.

저는 오늘 인생 선택을 했어요.
제 슈퍼바이저가 센터를 내셔서
거기 실장 자리를 제안하셨는데 심사숙고 후 반려했습니다.
쌤과 일하기 전에 제가 가장 원하던 일이었기에
제안을 받고 많은 생각이 일어나더라구요.
그런데 지금 제가 원하는 일은 그 일이 아니라
정희쌤과 함께 만들어갈 미래인 것을 확신하게 되었습니다.
2019년 함께 맞이하고 함께 꿈꾸고 함께 노력해요.
제 선택은 당신입니다!
새해 복 많이 받자구요♥♥

이렇게 최자은 실장은 우리 월드커뮤니케이션즈의 새로운 가족이 되었다. 내가 1인 기업으로 전환하고 2년 만에 처음 맞이하게 된 직원인 셈이다. 그녀는 심리상담 전문가이며, 세 아이의 엄마이며, 나의 대학원 동기이며, 내 삶에서 유의미한 멘토이자 친구이자 스승이었다.

장애가 있다고 방해받지 않는 행복

우리 회사의 핵심 간부인 최자은 실장에게는 장애를 가진 아들이 있다. 담당 의사에게 셋째 아들이 다운증후군을 안고 태어났다는 이야기를 들었을 때, 어찌어찌하면 아들이 나을 수 있을 것이라 생각했다고 한다. 그것은 종교의 힘일 수도 있고, 의학의 힘일 수도 있고, 삶의 간절함에 부응하는 기적일 수도 있다. 그러나 아들이 장애를 안고 살아야 한다는 것을 그대로 받아들이고 나니 마음이 편안해졌다고 한다. 그리고 어쩌면 오늘이 내 아들의 마지막 날일 수도 있기에 행복을 내일로 미루지 않고 오늘 하루 아들이 충만하게 행복할 수 있도록 최선을 다한다고 한다.

그녀의 삶을 통해서 내가 스스로 깨달은 것이 있다. 인간의 생명 그 자체, 존재 그 자체의 아름다움이다. 내 아버지도 장애를 안고 평생 사셨기에 그녀의 한마디 한마디가 가슴에 와 닿았다. 설명도 필요 없고 해석도 필요 없이 그대로 내 마음에 내려앉았다.

그녀와 나는 앞으로 멘탈케어 시장에서 마음이 힘든 사람들을 위한 온라인 플랫폼 서비스를 통해 마음코칭을 통한 삶의 질 개선을 위한 비즈니스를 꿈꾼다. 장애자 아들을 키워내면서 장애를 가진 부모와 형제자매들이 겪게되는 여러 가지 상황들을 개선하고 지원하는 일에 뜻을 모았다. 각자의 삶에 얹어진 작은 짐들을 서로 나누어 지며 우리 함께, 우리 같이 함께 걸어가는 길, 그 길 위에 우리가 서 있다. 함께라서 기대되며 행복하다.

하늘도 돕는다

살다 보면 내 힘으로 어찌할 수 없는 상황이 있다. 내 힘으로 아무것도 할 수 없는 상황 말이다. 그냥 그 자리에서 상황을 받아들이며 견뎌내야 하는 상황들이 있다. 지금 생각해보면 그런 상황에서조차 우리는 진심을 포기하면 안 된다. 설사 내가 지쳐 움직일 수 없다 할지라도 누군가의 진심이 내게 닿을 수 있기 때문이다.

지금의 내 상황은 어제까지의 내가 만든 모든 유무형의 결과물이었음을 받아들이는 것 또한 용기라고 생각한다. 어떤 상황이 오더라도 당황하지 말고, 자책하지 말고, 조금은 담담하게 그리고 단단하게 현실을 직시해보자. 어딘가에서 숨통을 트여줄

바람 한 점 불어오리라 기대하면서.

보증증권을 끊을 수 없었던 위기

2014년 법인 결산이 마이너스 2억 5천만 원이었다. 개인적으로 회사에 쏟아부을 수 있는 여유 자금도 거의 바닥이 나 있었다. 어느 순간 이렇게는 안 되겠다는 위기감을 느끼고 여러 가지 변화를 시도했다. 먼저 대대적으로 직원 수를 줄였다. 사실상1인 기업으로의 전환이었다.

2015년 9월에 내방역에 위치했던 80평 규모의 사무실을 시청역 인근의 5인실 공유 사무실로 옮겼다. 모든 것을 가볍게 정리하고, 새롭게 창업한다는 각오로 출발했다.

2016년 1월부터 입찰을 준비하며 모든 프로젝트에 성심성의껏 최선을 다해서 임했다. 입찰에 들어가는 것마다 수주하기 시작했다. 그런데 수주하면서 문제가 불거지기 시작했다. 보증증권이 문제였다.

계약 진행 시에 계약이행 보증증권이 필요하고, 선급금을 받을 때 선급금 보증증권이 필요하다. 그런데 전년도 법인 결산이 마이너스 2억 5천만 원이다 보니 보증증권 발급이 안 된다는 것이었다.

마음이 다급해졌다. 계약을 기다리고 있는 건이 3건이나 있고, 그 계약의 합이 10억 원이 넘었다. 보증보험이 발급되지 않으면 계약이 무효가 되는 상황을 어떻게 해결해나가야 할지 답이 보이지 않았다.

계약 담당 부서에서는 나라장터를 통해서 계약서에 응답요청을 해온다. 계약서 응답을 하기 위해서는 계약이행 보증증권을 전자송신을 하던 오프라인으로 출력해서 제출하든 필수인데 발급이 안 되면 결격 사유로 계약이 무효가 된다.

전혀 예상하지 못했던 일이 벌어졌다. 내가 할 수 있는 일이 없었다. 작년에 이미 벌어진 기업의 결손을 뒤 엎을 수도 없는 일이고, 보증보험회사에 로비를 할 수도 없는 일이었다.

우리 회사가 자격이 안 되면 보증을 세울 방법이 있다고 듣기는 했는데 요즘 세상에 그것도 쉬운 일이 아니었다. 무엇 하나 해결점이 없어 보였기에 나는 완전 멘붕이 되었다.

그때 우리 회사에서 거래하는 보증보험 담당 실장님에게 전화가 왔다. 나를 위로하는 목소리였다.

"사장님, 오늘 많이 놀라셨지요?"

"오늘 하루 종일 생각을 해봤는데, 사장님 상황이 제가 더 속상하네요."

"아니에요, 실장님. 말씀이라도 너무 감사해요."

"제가 법인이 마이너스 결손이 난 건 처음이라서 어쩌면 좋을지 저도 지금 당황스럽네요."

"사장님, 그간에 아무 사고 없이 잘해오셨잖아요. 작년에도 여러 가지 어려우셨다가 이겨내시려고 노력하셨고, 그래서 이렇게 성과도 나서 계속 계약을 앞두고 있는데 작년에 마이너스 난 거 때문에 발목을 잡히면 안 되잖아요. 저희 윗선에서 다 안 된다고 하는데요, 제가 어떻게든 결재를 받아볼 테니 포기하지 마시고 조금만 더 기다려주세요."

"아이고, 실장님, 정말 너무 감사합니다."

"제가 사실 어디에다 어떻게 상의를 해야 할지 몰라서 애만 태우고 있었는데 너무 감사드려요."

나는 그 전화를 받으면서 실장님의 한 마디 한 마디가 들릴 때마다 흐르는 눈물을 주체할 수 없었다. 실장님의 그 마음이 너무나 고마워서 어떻게 전화를 받고 끊었는지 기억조차 잘 나지 않는다.

한 사람의 진심이 이어준 기적

얼마 지나지 않아 그 보험증권 영업소 대표가 나의 사무실로 찾아왔다.

"사장님, 정말 복 받으신 거예요."

"무슨 소리이신지."

"오늘 한지선 실장이 사장님 회사 보증보험증권을 무조건 발급해드려야 한다고 여기저기 서류를 들고 다니면서 설득하고 다녔어요. 제가 한지선 실장하고 일한 지 벌써 20년이 되어가는데 이런 일은 저도 처음 겪어요."

"너무 감사합니다."

"그래서 한 실장하고 사장님하고 지인 관계인지 물어봤는데 여지껏 얼굴 한번 본 적 없다면서요?"

"네, 그렇죠. 늘 계약하거나 선수금 받을 때 보증증권 발급받느라고 전화 통화만 해왔죠."

"그런데도 이렇게 한 실장이 애쓰는 걸 보면 사장님에 대한 신뢰가 엄청 큰가 보네요."

"말씀만 들어도 너무 감사합니다."

이렇게 대화는 이어졌다. 나도 어안이 벙벙했다. 자기 영업소의 한지선 실장이 우리 회사의 계약 건에 대한 서류를 들고 자기 방으로 들어와서 왜 우리 회사에 보증보험증권을 발급해줘야 하는지 자세히 설명했다고 한다.

그래도 10년 넘게 거래하면서 한 번의 사고도 없이 성실하게 임해왔다면 이렇게 어려울 때 도와줘야 하는 게 보증보험의 역할이 아니겠느냐고 말했다고 한다. 실적이 좋은 회사들만 보증보험을 발급해준다면 김정희 사장님처럼 잠시 어려움을 겪고 다시 회복하려고 하는 분들은 어디에서 누구에게 도움을 받아야 하느냐고 말했다고 한다.

그래서 대표님이 나를 직접 보러 오셨다. 한지선 실장님의 강력한 어필에 공감하신 대표님도 어쩔 수 없이 전년도 마이너스 2억 5천만 원이나 결손이 난 회사의 계약이행 보증증권을 3개나 발급해주는 초유의 사태가 일어났다며 나를 직접 보고 싶다고 찾아와서 이것저것 직접 체크하고 서명을 받아 직접 계약을 했다.

나를 믿고 끝까지 보증보험을 발급받을 수 있도록 전적으로 밀어준 한지선 실장님을 한 번도 만난 적이 없다. 전화로 인사를 나누고 안부를 챙기는 게 전부였다. 그것도 보증보험이 필요할 때 서류를 팩스로 보내면서 묻는 안부 정도였다.

잠시 생각해본다. 누가 보든 보지 않든, 누가 알아주든 알아주지 않든 간에 맡은 자리에서 자신이 하고 있는 일의 범주 안에 있는 사람들에게 자신이 할 수 있는 최선의 1을 매일매일 선물하는 사람들, 나는 그분들이 진심 비즈니스를 하는 주인공이라고 생각한다.

나야말로 가장 절박한 위기에 봉착했을 때, 그런 진심으로 세상을 바라보고 자신의 업무에 임했던 한 사람으로 인해 구원받을 수 있었으니 진심은 정말 하늘의 도움을 연결해주는 징검다리가 아닐까?

그리고 또 잠시 생각해본다. 기업결손 때문에 보증보험 발급이 안 될 것이라고 미리 단정하고 입찰에 최선을 다하지 않았더라면 더 좋은 결과, 더 좋은 미래를 위한 진심 비즈니스는 꽃피우지 못했을 것이다. 내가 할 수 있는 최선의 1을 오늘 하는 것, 바로 그것이 진심 비즈니스다.

가끔은 잘못도 눈감아줘야 한다

꼬여도 너무 꼬인다

2018년 10월 어느 날의 일이다. 서울시에서 주최하는 '광화문 희망나눔장터'를 우리가 연간 행사로 진행하고 있었는데, 마침 같은 날 다른 장소에서 진행하는 주요 행사를 우리가 겸해야 하는 상황이었다.

문제는 광화문부터 숭례문까지 펼쳐지는 '서울 차 없는 날'의 실행 일자도 그날로 결정되면서 세 개의 행사가 본의 아니게 같은 날 진행되었다. 기획과 사전 제작 과정은 문제가 없었는데 실행하는 당일의 업무 분장이 문제였다. 전혀 의도하지 않은 일이 일어나 지혜로운 업무 분장이 필요했다.

"대표님 어떻게 하죠? 지금 상황에서는 제가 반포대교 쪽을 맡아야 할 텐데요."

광화문 희망나눔장터의 책임자였던 김 실장이 먼저 의견을 냈다.

"그래야지, 김 실장. 자기가 반포를 맡고, 내가 광화문을 맡고 세종대로와 숭례문 행사까지 맡으면 나 혼자서는 리스크 관리가 안 될 테니까 우리 회사 출신들 프리랜서 2명을 투입하자. 그러면 얼추 업무 분장이 될 거야."

"네, 알겠습니다. 그래도 저보다 경력이 많은 분들이니까 별일 없이 진행되겠죠?"

김 실장은 외부인들이 못 미더운 모양이었다. 그러나 본인의 몸은 하나이고 클라이언트 임원들이 반포대교로 올 예정이어서 본인이 그 자리를 맡는 게 최선이라고 생각했다. 나도 그 의견에 동의해 김 실장이 반포대교 행사를 담당하고 나는 행사장이 연결되어 있는 '광화문 희망나눔장터'와 '서울 차 없는 날'을 총괄하기로 했다.

엎친 데 덮친 격

아침 10시부터 시작된 행사는 오후 4시에 종료 예정이었다. 광화문부터 숭례문까지 이어진 대로에서 진행되는 행사는 서울

사대문 안의 교통을 통제하고 시작을 해야 해서 일반적인 다른 행사들처럼 전날에 세팅을 완료하고 리허설을 할 시간적 여유가 없었다. 공식 행사 시작 3시간 전인 오전 7시부터 시청 주변 주요도로의 교통통제가 이루어지고, 우리는 사전에 인도에서 준비했다가 교통통제가 시작되어야 비로소 행사장으로 들어설 수 있었다. 그때부터 무대부터 모든 설치물들이 무조건 3시간 이내에 완벽하게 끝나고 리허설까지 마쳐야 했다.

아울러 교통통제 시간은 시민과의 약속이기 때문에 오전 7시부터 통제했던 도로의 사용 권한을 오후 6시 1초부터 시민들에게 다시 돌려줘야 했다. 그때부터는 교통이 다시 흘러야 하기 때문에 행사 종료 후 시설물 철거까지 여간 신경 쓰이는 게 아니었다.

전년도 기준으로 행사장의 길이와 넓이는 서울광장에서 숭례문까지 더 늘어났지만 그만큼의 예산 상승은 없었다. 상대적으로 줄어든 예산 안에서 콘텐츠 구성, 출연진 섭외, 전시 부스 운영, 시설물 설치, 현장 인력 운영 그리고 교통통제까지 주어진 예산을 최대한 효율적으로 배분해야 했다.

게다가 전년도에 반응이 좋았던 전기자동차 전시를 더욱 확대해서 별도의 공간으로 구성해야 하는 부담감도 안게 되었다. '전기자동차 전시'라는 특별 아이템이 추가되면서 청계광장 인근부터 숭례문까지 설치되는 무대, 조형물, 참여 체험 부스, 전기자동차 전시를 운영할 전기를 어떻게 공급하느냐가 관건이었다.

그래서 전기 시스템에 경험이 많은 우리 회사 출신의 프리랜서 직원에게 현장 감독을 부탁했다. 한 사람으로는 부족할 거 같아서 현장 감독보다 훨씬 더 경험이 많은 사람을 추가로 배치했고, 그들에게 행사 제작과 시스템을 중점으로 맡겼다. 내가 믿고 선택한 전문가가 제안한 방법대로 나도 오케이를 하고 넘어갔다. 교통통제로 차들의 왕래는 없지만 도로 위에서 진행되기 때문에 산만함으로 인해 행사에 차질이 있진 않을까 걱정됐지만 믿고 맡겼다.

나는 교통통제에 따른 인근 경찰서, 모범운전자협회, 유관 부서 등과의 업무 조율을 중점으로 보며 광화문 희망나눔장터의 현장 설치와 운영을 함께 진행했다.

"전기가 안 들어옵니다"

행사 당일 어김없이 7시부터 도로 교통이 통제됐다. 인도에 올려놓았던 설치물들을 도로에 옮기면서 본격적인 행사장 세팅이 시작되었다.

교통통제 행사는 현장이 어느 순간에 아수라장이 된다. 모두 자기가 맡은 영역만 보여서 왜 이거 먼저 안 해주느냐고 난리다. 아무리 사전에 일정과 당일의 시간별 설치나 배치 순서를 가지고 시뮬레이션을 해도 각자 자기 사정이 제일 바쁘기 때문이다.

그러나 워낙 잘하는 베테랑들이기에 걱정 없이 행사를 맡기고, 나는 광화문 광장으로 이동해서 내가 맡은 행사를 설치했다. 안정적으로 돌아갈 즈음에 서울광장 쪽으로 걸으며 차 없는 날 행사장을 돌아보기 시작했다.

그런데 무언가 묵직한 무거움이 행사장을 누르고 있는 것이 보였다. 운영인력회사의 대표가 내 옆으로 와서는, 운영인력들을 왜 이렇게 많이 뽑아놓고 업무 분장을 제대로 안 해주냐고 했다. 뭔가 제대로 안 돌아가고 있다는 예감이 들어 행사장 구석구석을 빠르게 돌아보았다.

숭례문 쪽까지 걸어갔는데 행사 주관 부서의 팀장님께서 볼멘소리를 하셨다.

"대표님, 전기가 안 들어옵니다. 4시에 끝나는데 지금까지 안 들어오면 어떡해요?"

시계를 보니 12시가 조금 넘은 시간이었다. 생각보다 상황이 심각했다.

"죄송합니다, 팀장님. 제가 빨리 상황을 알아보고 대처하도록 하겠습니다."

다급하게 대답을 마치고 행사 책임자들을 찾았다. 숭례문 쪽 대로변의 도로 분전함에서 땀을 뻘뻘 흘리며 전기선을 연결하고 있는 그들의 모습을 보면서 누군가 설명을 해주지 않아도 뭐가 크게 잘못 돌아가고 있음을 직감했다. 행사 전체의 퀄리티를 위해 숲을 보면서 진두지휘를 해야 하는 책임자가 숭례문 끝자락의 분전함에서 아무도 도와주는 손길 없이 혼자 땀을 뻘뻘 흘리며 전기 문제를 해결하고 있다는 것은 결국 무엇을 말하고 있는 것이겠는가? 망해도 완전 망한 것이다.

"지금 거기서 뭐 해? 어떻게 된 상황이야?"

대꾸가 없었다. 나의 질문에 대답할 마음의 여력도 없는 듯했다. 운영요원 약 10명이 도로의 분전함마다 전원이 잘 꽂혀 있는지 살피고 있었다. 그러나 여전히 전기자동차 전시 존에는 전원이 공급되다가 끊겼다를 반복했다. 그렇게 2시까지 우리는 전기 문제를 완전히 해결하지 못하고 주최 측에 불편함을 제공했다. 난생처음 겪는 일이라서 당황스러웠다.

다행히 무대부터 시작해서 주요 부스에는 전기 공급이 원활한 상태였고, 전기자동차 전시 존에만 전원이 들어왔다 나갔다를 반복하는 상태였다. 큰 컴플레인 없이 행사가 마무리됐지만 그것은 참여자의 입장이고, 행사를 주최한 입장에서는 결코 있어서는 안 될 일이 일어난 것이다.

잘할 줄 알고 맡긴 건데

어떻게 이런 일이 벌어진 것인지 다시 되짚어봤다. 현장 분석 결과 이 사태는 분전함의 문제가 아니라 우리가 제작해온 전선들이 문제였다. 순간 '처음부터 내가 막을 수 있었는데 체크를 못 하다니' 하며 자책했다. 내 마음이 불편한 게 문제가 아니라 우리로 인해 피해를 입은 분들에게 너무 죄송스러운 마음을 어떻게 해야 할지 몰랐다.

'그래도 나보다는 전기의 메커니즘을 더 잘 알 거라고 생각해서 맡긴 건데…….'

갑자기 너무 아쉬운 생각에 목 놓아 울고 싶었다. 정말 최선을 다해서 세 개의 행사를 완벽하게 해보려고 무한 신뢰와 지원과 권한을 일임했는데 결과가 이렇다니! 뭐 이런 개똥 같은 경우가 있단 말인가?

가장 핵심적인 실수는 전기를 전문가에게 맡기지 않고 자신들이 알고 있는 상식선에서 판단한 것이다. 사실 행사의 리스크 요소 중에 거의 80퍼센트 이상이 전기 문제라고 해도 과언이 아니다. 자체 전원이 제공되는 실내 행사장은 큰 문제가 없지만 외부 행사장에서 전원 공급은 대부분 발전차들이 담당 한다.

이번에 진행한 행사는 약간 특수한 상황이긴 했다. 무대 행사의 전기 공급은 발전차가 담당하지만 약 2 km 정도의 방대한 길이에 전기를 공급하자면 메인 전원은 발전차가 담당하되 별도의 간선 작업을 거쳐서 각 요소에 분배해주어야 한다.

그 모든 것을 정상적으로 진행할 예산이 뒷받침되지 않다 보니 차선책으로 을지로에 가서 약 500만 원 가까이 주고 전기선을 제작해 도로 곳곳의 분전함과 연결해서 쓰면 되겠다는 생각을 한 것이다.

이론상으로는 가능해 보였지만 현장의 상황은 달랐다. 더 치명적인 실수는 현장 시뮬레이션을 안 했다는 것이다. 그 전선들이 제대로 제작되었는지 사전 점검도 하지 않았을뿐더러 원리만 설명하고 발주 내고 납품받은 뒤로 별도의 움직임이 없었다. 무대에서 숭례문까지 전선을 늘어뜨리려면 몇 명의 인원이 얼마간의 시간을 들여야 가능한지조차 시뮬레이션을 안 했던 것이다.

처음에는 부아가 치밀어 올랐다. 계약했던 금액을 한 푼도 주고 싶지 않았다. 그들은 실수를 하고 가면 그만이지만 나는 그 프로젝트를 다시 수주할 수 없게 될지도 모른다. 부서별로 행사를 잘한 것도 소문이 돌지만 전기가 안 들어온 것도 소문이 돌았을 것이다. 그걸 생각하니 낯이 뜨거웠고, 이제는 나도 현장을 떠날 때가 됐나 싶은 생각까지 들 지경이었다.

지적 대신 용납이 필요해

그럼에도 불구하고 나는 생각을 바꿨다. 나도 최선을 다했고 그들도 최선을 다한 결과라고 받아들였다. 누가 전기가 안 들어오길 바라면서 순간순간 의사 결정을 하겠는가? 우리가 매 순간 선택을 할 때는 최선이라고 생각하지 않겠는가? 생각이 거기에 미치니 그 문제를 해결하겠다고 그 도로에서 땀 흘리며 애쓰던 모습이 떠오르며 오히려 어깨를 두드려줘야겠다는 생각이 들었다.

이심전심이라고 하지 않는가? 내 마음이 전해졌는지 어찌할 바를 모르는 두 남자들에게 싱긋 한번 웃어주었다. “다음엔 잘 해라!” 그 말은 나에게도 하는 말이었다.

실수를 통해 성장하는 우리 삶의 모든 순간들을 자책하지 말자. 자책은 후회만 남고 대안이 없다. 그러나 성찰은 대안과 위로와 지혜를 함께 얻을 수 있다. 남의 실수도 나의 실수도 가끔씩 너그럽게 지나쳐보자. 무언가 묵직한 행복 덩어리가 내 안에서 꿈틀거리는 걸 느낄 수 있다.

상대의 아픔을 내 것처럼

매일 아침 7시 배숙 서비스

아주 추운 겨울이었다. 행사를 앞두고 회의를 진행하는데 고객사 이사님의 기침 소리가 심상치 않았다.

"이사님, 병원은 갔다 오셨어요?"

"이제 약발도 안 받나 봐요. 얼른 안 낫네."

하다못해 따뜻한 물이라도 드시면 좋으련만 한창 바쁜 연말인지라 그럴 여유도 없어 보였다. 나 역시 계속된 야근에 몸이 천근만근이었다.

며칠 후 자정을 넘겨 집으로 들어가려다 발걸음을 돌렸다. 땀을 좀 내면서 여기저기 뭉친 근육도 풀고 마사지도 받을 겸 한증막으로 향했다. 뜨거운 물에 몸을 담그자 노곤하게 풀렸고 한증막 별미인 구운 달걀을 먹으면서 스트레스를 풀었다.

그런데 옆에 있는 손님들이 처음 보는 음식을 먹는 것이었다. 바로 배의 속을 약간 비워낸 후 한증막의 고온으로 푹 익힌 배숙이었다. 어릴 적 기침으로 가슴을 부여잡던 내게 엄마가 눅진한 배 과육을 떠먹여 주던 기억이 났다.

"저도 배숙 하나 주시겠어요?"

나는 아침에 일어나자마자 배숙을 포장해서 나왔다. 이사님의 출근이 오전 7시쯤이니 그 시간에 맞춰 고객사로 향했다. 아침 댓바람부터 이사님 사무실로 들어가 가방에서 배숙을 꺼냈다. 난데없는 배숙에 이사님은 핀잔을 던졌다.

"우리 와이프도 안 해주는 걸 왜 김 대표가 가져오는 거야."

"이사님 기침 소리 때문에 회의진행이 안 돼요. 이거 드셔야 오후 회의에 참석하실 수 있어요."

나는 숟가락을 들이밀었고, 이사님은 못 이긴 척 배 껍질에 과육이 하나도 보이지 않을 만큼 싹싹 긁어 드셨다. 그 후 회의에서 만난 이사님께 기침은 좀 어떠시냐고 물었고, 이사님은 조금 좋아지는 것 같다며 고맙다는 인사를 전했다.

그런데 좋아지셨다는 말을 들으니 배숙을 며칠 더 드리고 싶은 마음이 들었다. 그래서 보름 내내 같은 시간에 배숙을 가져다 드렸다. 처음에는 핀잔을 주며 겸연쩍어하다가 나중에는 나의 진심을 알아차리고 고맙게 받아주셨다.

사실 이사님도 병원 진료도 받고 약도 먹었을 텐데 차도가 없어 걱정했을 것이다. 하지만 그렇다 하더라도 거래처 대표가 배달하는 배숙을 먹어야겠다고 생각하진 않았을 것이다. 그것도 보름이나 말이다.

나는 함께하는 사람들이 겪는 불편함을 그냥 지나치기가 어렵다. 그런 안타까운 마음은 거침없는 행동의 동력이 된다. 다행히 배숙이 이사님의 건강 회복에 도움이 되는 것이 기뻤기에 고생인 줄도 몰랐다. 클라이언트의 건강을 내 건강처럼 생각했던 마음은 결국 나의 영업 비결이 됐다. 이사님은 10년 전에 퇴직하셨지만 20년째 나의 일순위 클라이언트다.

300만 원이 30억 원으로

가을바람이 선선하던 어느 날 우리와 함께하던 광고대행사의 핵심 인재였던 최 국장이 얼굴에 구안와사가 와서 퇴직했다는 소식을 들었다. 나보다 어린 그에게 건강상의 문제가 생겼다니 충격적이었다. 또 프로젝트 성공률 백전백승에 가까웠던 그의 실력이 이렇게 사라져버리진 않을까 걱정도 됐다.

추석이 다가오기 며칠 전 나는 그에게 만남을 요청했다. 자녀 둘에 어머니까지 모시고 사는 외벌이 가장이 명절을 앞두고 갑자기 실직을 했으니 얼마나 마음이 무거울까. 내 일처럼 애가 탔다.

푹 눌러쓴 모자만큼이나 축 처진 어깨로 걸어오는 그를 보니 눈물이 핑 돌았다. 속상하고 안타까운 마음에 만나자마자 와락 끌어안았다. 예전 같으면 "누님, 남사스럽습니다"라며 뿌리쳤을 것인데 가만히 안겨 있는 그 모습에 더욱 울컥했다.

"몸이 그렇게 안 좋아질 때까지 몰랐단 말이야?"

"조금씩 이상이 오고 있는 건 알았는데 하루 걸러 한 번씩 중요한 PT가 있어서 팀원들에게만 맡겨놓을 수가 없다 보니 이렇게 됐네요."

"그래도 그렇지, 입이 돌아갈 정도로 몸이 굳어가는데 그 PT가 뭐라고 그렇게까지 하냐?"

"이번까지만, 이번까지만 하다가 이렇게 떡하니 당하고 나니 후회가 많이 되긴 합니다. 얼른 치료받고 회복해야죠."

회복을 위해 노력하겠다는 그의 의지를 들으면서 안도감이 들었다. 평소에 그의 성격을 봐서는 좌절할 사람이 아니었지만 그래도 입이 돌아갈 정도로 업무 스트레스가 심했던 데다 퇴직까지 했으니 가장으로서 여간 심란한 게 아니었을 것이다.

나는 그에게 봉투를 건넸다. 오기 직전에 은행에 들러 찾은 300만 원이었다. 내게 300만 원이 크지 않은 돈이어서가 아니라 내가 조금 아끼고 덜 쓰더라도 나의 소중한 동료가 추석 명절만이라도 돈 걱정하지 말고 가족들과 평안하기를 바랐다. 나의 마음이 전해졌을까? 무표정하던 그의 눈시울이 붉어졌다.

"누님, 제가 꼭 낫겠습니다. 그리고 다시 일을 하게 되면 열 배 아니, 백 배로 갚겠습니다."

"그런 소리 말고 몸이나 추슬러."

나중에 들은 이야기지만 그는 그날 밤 잠을 이루지 못했다고 했다. 300만 원이 3천만 원처럼 느껴져 잠을 잘 수가 없었다는 것이다. 그래서 결심했다고 한다. 자신이 뱉은 대로 이걸 꼭 열 배로, 백 배로 갚아야겠다고.

몇 년 뒤 그는 다시 돌아와 창업을 했고, 그때부터 나에게 정말 많은 프로젝트를 물어다주었다. 내가 요청하지 않아도, 묻지도 따지지도 않고 밀어주고 도와주었다. 액수로 따지자면 30억 원 정도가 나에게 되돌아온 셈이다.

우리는 지금도 좋은 파트너이자 친구다. 그도 이제는 다른 누군가의 어려움을 살피는 사람이 되었다. 그래서 실제로 어려움을 겪는 사람들이 가장 먼저 그를 찾아가 도움을 요청하기도 한다.

어떤 사람들은 속된 말로 '호구'가 된 것 아니냐고 할 수도 있을 것이다. 그러나 대가 없이 받은 배려를 경험한 사람은 누구에게든 되돌려주지 않고는 못 배기는 법이다. 선한 진심은 서로의 성장을 응원하게 된다.

일과 삶의
적정한 거리 두기

나의 워라밸은 어디쯤 있을까?

"명절은 누가 만들어서 내 일하는 흐름을 끊고 그러냐?"

언젠가 추석 연휴 하루 전에 내가 한 말이다. 그때는 회사 대표도 아니었고 일개 과장일 뿐이었는데 기획하는 재미에 빠져서 추석 연휴로 인해 일의 흐름이 끊기는 것이 너무 짜증이 났다.

"과장님, 회사 대표도 아니고, 그렇다고 월급을 더 주는것도 아니고, 수당을 더 받는 것도 아닌데 연휴까지 반납해가면서 그렇게 하실 일이에요?"

우리 팀 정 대리가 뾰로통하게 쏘아붙였다.

그 말을 들은 동료나 후배들은 '저 사람 뭔가?' 하면서 나를 이상한 사람 취급했다. 하지만 자발적으로 업무에 몰입하기 시작하면서 나는 그 어떤 상황에서도 정말 재밌고 즐겁게 업무에 임했던 것 같다.

20년간 워커홀릭으로 살아온 나에게 한동안 저녁이 있는 일상, 쉼이 있는 주말은 너무 먼 나라 이야기처럼 느껴졌다. 주말에 진행된 행사가 많았던 것도 아닌데, 지난 20년 동안 편안하게 쉬어본 기억이 거의 없다.

많은 사람들이 '욜로', '소확행', '워라밸(Work-life balance)'을 외치며 만족을 위해 살아가는 삶이 활짝 열렸음에도 불구하고 나는 여전히 쉼을 갖는 것이 어떤 것인지를 모르고 일에 매몰되어 살아왔다.

혹여 주말에 친구나 지인들과 약속을 했더라도 급작스런 업무 약속이나 제출해야 하는 제안서 등 돌발 상황이 생기면 개인적인 약속을 먼저 취소했다. 그렇게 몇 번 약속을 미루거나 취소하다 보니 상대에게 민폐를 끼치는 거 같아서 아예 다른 사람들과 약속 자체를 하지 않았다. 주말에는 부족한 수면을 보충하다 보니 더더욱 업무 이외의 만남은 쉽지 않았다.

그러나 이런 상황은 누가 시켜서 억지로 한 것이 아니라 일을 최우선으로 생각했던 나의 자발적 선택이기에 고통스럽지도 않았을뿐더러 후회는 없다.

특히 일을 하면서 행복을 만끽했고 일과 삶의 혼연일체를 통해 성취감을 더 가졌던 것 같다. 그래서 일을 하면서 보낸 시간들이 그렇게 억울하지만은 않다. 이렇듯 자발적인 몰입은 그것 자체로 즐거울 뿐만 아니라 나를 많이 성장시켜주었고 삶의 활력과 행복을 제공했다.

그런데 이러한 나의 경험을 모두에게 적용하고 강요할 수는 없다. 대표로서 그런 부분이 내게 참 어려운 지점이었다. 좋든 싫든 나는 한 기업의 조직에게 영향력을 줄 수밖에 없는 리더이기 때문이다.

한때는 저녁 6시는 무조건 반납하고 일하는 직원들이 주말에 잠깐 쉬는 것이 못마땅했던 적이 있다. 나도 어쩔 수 없이 "나 때는 말이야"라고 운을 띄우면서 '1만 시간의 법칙'의 수호자라도 된 것처럼 직원들을 몰아갈 때도 있었다. 지나고 보니 그때 그 시절을 함께 보내면서 힘들었을 직원들에게 미안한 마음이 가득하다.

이젠 세상이 변해도 너무 변했다. 일하는 목적, 일하는 방식, 협업의 조건 등이 매일매일 변화하고 업그레이드되고 있다. 그러나 한 가지 확실한 것은 현재의 만족과 행복도 우리 삶에 매우 중요한 요소이지만 오늘의 시간들이 쌓여서 나의 미래가 만들어진다는 점이다.

그렇다면 칼퇴근을 외치며 자기계발을 다른 공간에서 다른 사람들과 하는 것만을 중요하게 여겨야 하는 것일까? 퇴근 시간을 넘어 진득하니 업무에 몰입하면서 깊은 내공을 쌓아가는 것이 무조건 잘못된 것일까? 입사하면서 퇴사를 생각하는 젊은 세대들의 가치관이 과연 지속가능하다고 할 수 있을까?

진정한 워라밸은 어떤 모습일까?

《하우투 워라밸》의 저자 안성민은 그의 책에서 워라밸은 일정 기간이나 얼마간의 목표치를 두고 하는 것이 아니라, 내가 살면서 죽을 때까지 마음속에 깊이 새겨둔 가치가 되어야 한다고 조언한다.

그렇다. 처음에 내가 생각한 워라밸은 '저녁 6시 퇴근, 주말은 무조건 휴식'이라는 단순 개념이었다. 그러나 진정한 워라밸의 본질은 단순히 시간과 공간의 제약을 받는 것이 아니라 삶의 초점을 자신에게 맞추는 것임을 알게 되었다. 결국 워라밸은 자존감과 연결되어 있는 것이기도 하다.

아울러 그는 워라밸은 누군가에게 미안해하며 하는 것이 아니라 내 인생에서 가장 소중한 것을 위해 불필요한 일을 하지 않겠다는 결심이라고 말했는데, 나는 이 말에 전적으로 동의한다.

지금 나는 상당히 여유롭게 저녁이 있는 삶과 휴식이 있는 주말을 보낸다. 주중에 퇴근 이후에는 건강을 위해 자전거 라이딩을 즐긴다. 주말 또한 라이딩을 즐기고 평소에 읽고 싶었던 책들을 읽고, 북클럽 방식으로 토론하며 시간을 갖는다.

가끔씩 생각한다. 지금 내가 누리는 이런 여유는 워커홀릭으로 살았던 젊은 날들이 있었기 때문인가? 아니면 원래 이렇게 살아도 인생은 아무 탈이 없는 것이었는가? 물론 내 젊은 날에 생각과 판단, 그것을 실천할 수 있었던 용기에 박수를 보내고 싶다. 무모했지만 아름다운 시간들이었다.

그런데 생각해보면 내 인생의 불필요한 일들이 업무라는 이름으로 가려져 있었을 수도 있다. 하나둘씩 업무라는 포장을 걷어내고 불필요함을 없애니 일을 하며 느꼈던 행복과는 또 다른 즐거움을 누리며 살게 됐다. 이렇게 나도 워라밸을 배워가고 있다.

안성민 저자의 말처럼 워라밸은 타인을 위한 것이 아니라 나를 위한 것이다. 누가 시켜서도 아닌, 누군가를 위해서도 아닌 내 삶과 나를 찾기 위해 지키는 것이 워라밸이다. 그것이 워라밸의 핵심이자, 우리 모두 지향해야 하는 방향이다. 그리고 적어도 워라밸이 일 못하는 사람들의 핑곗거리로 사용되지 않아야 한다는 그의 마지막 조언까지 마음에 담아본다.

다 함께 살아가는 사회에서 나의 권리를 행사하려면 반드시 의무가 선행되어야 한다. 이것이 워라밸의 대전제이자 균형이 아닐까?

워라밸! 남은 시간도 잘해보자.

에필로그

우리 함께, 우리 같이

자기 성찰의 기쁨

대학원에서 공부하면서 나의 지난 20년간의 회사 경영을 돌아보게 됐다. 그 목적성과 방향성, 사람과의 관계성에서 아주 심각한 오류가 있음을 알게 되었다.

'나는 왜 일하는가?'라는 근본적인 질문 앞에서, 부끄럽지만 일은 먹고살기 위해 하는 것이라고 생각했다. 그리고 사람의 가치보다 일의 가치를, 사람의 노력보다 일의 완성도를 더 우선시했다. 그러다 보니 일을 책임감 있게 완수하는 직원들과의 관계보다는 일을 주는 클라이언트와의 관계에 더 집중했던 것이 사실이다.

복잡한 프로젝트를 해내기 위해 애쓰는 직원들의 노력에 대하여 진심 어린 공감을 하지 못했다. 직원들이 그 수많은 프로젝트를 하면서 자신의 한계점을 느끼고 방황할 때, 여러 부류의 사람들과의 관계에서 좌절감에 직면해 있을 때 따뜻하게 손잡아주고 진솔하게 공감해주지 못했다.

대학원만 다니는 동기들이 늘 부러웠다. 아침에 출근하지 않고, 아침 일찍 도서관에서 책과 논문에 둘러쌓여 저녁 수업을 맞이하는 친구들이 그렇게 부러울 수 없었다. 공부에 몰두하고 싶어서 지난 2017년 초에 다시 성장가도에 있던 회사를 갑작스럽게 접고 1인 기업으로 전환했다. 그리고 1년간은 그토록 원했던 수업을 정말 열심히 들었다. 그러고 나니 세상 행복했다. 아침 일찍 도서관에도 가보고, 점심과 저녁을 학교에서 먹다 보니 어느새 VIP가 될 정도로 학교에 몰입했다.

그런데 그 행복에 반해서 회사의 매출은 거의 3분의 1 토막이 나더니 어느 순간부터 일이 아예 끊어졌다. 그 여파로 2019년 회사의 매출은 역대 최저였다.

그때 갑자기 그런 생각이 들었다.

"나는 왜 공부를 하고 있지? 공부를 하는 건 좋은데 20여 년간 유지해왔던 회사를 1인 기업으로 전환하면서까지 해야 될 일인가? 그게 최선이었을까?"

힘들면 잠시 쉬었다 가면 될 것을 극단적으로 전부를 버리고 있는 나의 어리석음이 보였다. 이때가 가장 많이 나 자신을 성찰했던 시기였다. 나의 성급함, 나의 조급함. 나의 무모함, 참을 수 없는 나의 가벼움, 그것을 스스로 깨달아가는 과정이었다.

지금 돌아보면 그 과정들이 있었기에 인생의 그 묵직한 깨달음의 과정을 잘 통과할 수 있었고, 다시 초심으로 돌아가 나의 일터를 바라볼 수 있었다. 자기 성찰의 소득이자 기쁨이다. 이렇게 사랑스럽고 감사한 나의 일터 월드커뮤니케이션즈를 새롭게 정의하고 의미를 두게 된 것이 말이다.

다시 일터로 돌아갑니다

'새 술은 새 부대에'라는 말이 있다. 그 말의 근원을 찾아가 보았다. 포도주가 숙성해서 발효될 때 부글부글 끓어오르면 가스가 차서 팽창하게 된다. 그런데 신축성 있는 가죽 부대에 담지 않으면 팽창된 압력 때문에 곧 터지게 된다. 그래서 새 술은 새 부대에 담아야 하는 것이다. 새 술에 있는 생명력 때문이다.

잠시 그런 생각이 들었다. 나는 정말 새로운 부대를 필요로 하는 새 술이 되었는가? 스스로에게 질문을 던져본다. 나 스스로 새 술이 되어 있지도 않으면서 나를 세상이 담지 못한다고, 나를 일터가 담지 못한다고 착각하면서 일터의 가치를 모르고 있는 건 아닌가?

나는 이제 다시 일터로 돌아왔다. 기쁨과 설렘을 안고 1인 기업에서 차근차근 직원들도 늘어났고, 연간 매출도 회복세를 보이고 있다. 이제 나의 일터의 주제는 사람이다. 이제 나는 일터에서 세상 사람들과 다른 차원에서 문제를 보기 시작할 것이다.

관계를 새롭게 풀어나가기 시작하고, 할 수만 있다면 모든 사람들과 화평할 것이다. 이제 일터의 모든 협력자들, 누구를 만나든 어디를 가든 공감의 능력으로 사람들과 화평을 이룰 것이다.

내 삶의 자리인 일터에서 살아 있는 생명력과 확장성을 가진 새 술이 될 것이고, 이제 나의 일터는 새로워진 나를 담아낼 새로운 부대가 되어줄 것이다. 이미 그 일은 시작되었다. 함께 일할 사람들이 모이고 삶을 함께 나누는 아름다운 출발 가운데 우리는 매일매일 행복하게 성장하고 있다.

'함께'라는 낭만에 대하여

요즘 나는 남편과 함께 매 주말마다 자전거를 탄다. 서울시 자전거 따릉이다. 어느 날은 청계천 자전거 전용도로를 왕복하기도 하고, 어떤 날은 고산자교에서 이어지는 한강변을 달리기도 한다. 자전거를 탈 때면 남편이 늘 나를 앞세우고 내 뒤에서 탄다. 운전을 하지 못하는 나를 위한 남편의 배려다.

한강공원처럼 자동차가 없는 곳은 괜찮지만 도심 속을 지나야 할 때는 신호체계도 잘 모르고 도심 속에 차로 인한 위협들이 도사리고 있다 보니 나의 뒤에서 "출발", "멈춰" 등을 일러주며 안정감 있게 나를 보호하기 위한 남편 나름의 진정성이다. 그 마음을 받으며 자전거를 타는 시간들이 참 평화롭고 행복하기까지 하다.

이른 주말 아침에 도심 속 도로를 달리는 맛도 제법이거니와 도심 속 골목길들을 누비다 보면 세상의 정겨움도 보이고 사람들의 훈훈함도 새삼 소중하게 다가온다. 아마 풍경이 주는 따뜻함일 것이다. 그러다 맛집이 보이면 주저 없이 들어가서 아침을 먹기도 하고, 때론 점심을, 때론 저녁을 먹는다.

그런 시간을 보내다 보면 그동안 우리가 무엇 때문에 싸웠고 무엇 때문에 불행했는지 기억나지 않는다. 서로가 있는 모습 그대로 인정하며 남은 인생을 신나고 건강하게 사랑하며 함께 걸어가리라 다짐하곤 한다. 이렇게 굴러가는 자전거 두 바퀴의 조화로움처럼 말이다.

나는 너의 'The Rose'

〈팬텀싱어3〉 우승팀 '라포엠', 그들에게 전해 받은 감동이 너무 크다. 그들의 선율과 화음은 감동으로 물들어 나는 혼자 TV를 시청하면서 정말 많이 울기도 했다. 그러나 단지 음악적 아름다움에 감동한 것만은 아니었다.

이들은 모든 멤버가 좋은 음악적 재능을 가지고 있음에도 불구하고 개개인으로 있을 때 자신감보다는 무언가 부족함을 느꼈단다. 각자의 삶에서 느꼈던 외로움과 간절함 등이 함께 모여 감사함으로 바뀌면서 그들을 서로 더욱 강하게 연대하고 믿음으로 바라보게 만들었다고 한다. 서바이벌 경연대회를 몇 달간 치러오면서 울며 웃었던 시간 속에서 함께 성장했던 자신들에게 그리고 우리를 지지해주신 사랑하는 모든 분들에게 마음을 바치고자 마지막 경연곡으로 'The Rose'를 불렀다. 서로를 믿고 자신있게 내는 각자의 목소리를 들으면서 나는 현재를 함께하고 있는 우리 직원들의 모습이 떠올랐다.

우리 회사는 출근해서 두 손을 모으고 서로를 향한 축복의 말들을 나눈다. 그 시간의 주인공은 나와 최 실장이다. 때로는 울기도, 때로는 웃기도 하면서 우리의 삶을 가감 없이 나눈다. 자기 성찰을 통한 스스로의 고통 속에 머물러 있을 때에도, 타인으로 인해 애간장이 타들어갈 때도 묵묵히 서로의 언어와 온도로 다독이며 기다려준다.

그래, 맞다. 우리 모두 우리 자신에게도, 상대에게도, 'The Rose'다. 우리 혼자는 부족하고 어설프고 깨지기 쉽지만 우리가 함께 같이 연대해서 나아간다면 우리도 자유롭게 일하면서 사람들의 마음속에 한 편의 시 같은 여운을 남기는 좋은 기획자가 될 것이다. 서로를 의지하며 서로를 세워주며 그렇게 작은 상생공동체가 되어 우리 함께, 우리 같이 말이다.

북큐레이션 • 원하는 곳에서 꿈꾸고, 가슴 뛰는 삶을 살고픈 이들을 위한 책

《비즈니스를 좌우하는 진심의 기술》과 함께 읽으면 좋은 책. 남보다 한 발 앞서 꾸준함을 가지고 미래를 준비하는 사람이 주인공이 됩니다.

시장에서 통하는 30가지 광고의 법칙

어떻게 광고해야 팔리나요

김종섭 지음 | 16,000원

불황의 시대에 소비자의 마음을 확실하게 붙잡는 남다른 광고의 법칙

소비자들이 똑똑해졌다. 매일 마주하는 광고에 질려 빠르게 'Skip' 버튼을 누른다. SNS에 올라온 글 한두 줄만 읽어도 광고인지 아닌지 알아본다. 이제 일반적인 광고는 더 이상 통하지 않는다. 그럼에도 보는 사람들의 머릿속에 남아 사게 만드는 광고는 여전히 존재한다. 어떻게 광고하기에 사람들의 구매 욕구를 일으킬까? 신선한 발상으로 다양한 광고들을 만든 저자는 어떤 아이디어가 소비자의 마음을 움직이는지 다양한 사례를 들어 설명한다. 어려운 불황의 시기를 극복하고 싶다면 이 책에서 소개하는 '상품을 팔아주는 광고'를 시작해보자!

전문가의 문제해결 노하우 공개

야근이 사라지는 문제해결의 기술

곽민철 지음 | 14,500원

부서에서 인정받고 회사에서 주목하는 문제해결 전문가의 비즈니스 솔루션 스킬 공개!

열심히 일했는데 왜 인정받지 못할까? 무슨 일을 하든 인정받는 저 옆 사람은 무엇이 다를까? 여기에는 바로 '문제해결력'이라는 차이가 있다! 이 책은 남들과는 다르게 문제를 파악하고 이를 새로운 시야로 해결하는 방법들을 알려준다. 더 이상 의자에 엉덩이만 붙여 머리를 싸매는 것으로 일하지 마라! 새로운 시각으로 문제를 만들고 남들이 생각하지 못한 방법으로 해결하라! 이 책을 통해 매일 재미없이 무한 반복되던 직장 생활이 새롭게 달라질 것이다.

체인저

정서영, 정형찬 지음 | 14,000원

전문화된 실력과 차별화된 서비스로
불황에도 매출 300% 올리는 노하우 공개

전문화된 관리 테크닉과 진심을 담은 고객 응대, 차별화된 기술과 서비스를 갖춘다면 지금보다 10배의 매출을 올리는 성장이 가능하다. 이 책은 피부관리사가 의사와 같은 전문적인 실력과 서비스 정신으로 무장하고 고객에게 다가설 것을 주문한다. 뛰어난 위기관리 능력을 바탕으로 기존 에스테틱 시장에 새로운 패러다임을 펼쳐놓은 두 저자가 제안하는 마케팅과 비즈니스 노하우는 매출 부진으로 위기에 놓인 경영자뿐만 아니라 불황의 시대를 살아가는 모든 이들에게 깊은 울림을 줄 것이다.

매출 때문에 고민입니다

지현 지음 | 16,000원

입소문 타는 매장은 그만 한 이유가 있다!
지나가는 사람도 단골로 만드는 매장 운영 노하우 공개

고객이 몰리는 매장은 대체 무엇이 어떻게 다른가? 마케팅, 인간력, 감성, 서비스력을 갖춘다면 지금보다 획기적인 성장이 가능하다고 생각하는 저자는 매출을 증대하기 위해서 무엇을 해야 하는지, 고객과 무엇을 소통해야 할지, 구성원들을 성장시키기 위한 방법은 무엇인지에 대한 구체적인 방향을 제시한다. 뛰어난 위기관리 능력을 갖춘 저자가 매출 부진으로 위기에 놓인 매장을 살려내는 대단한 능력들을 이 책 안에 고스란히 녹여 놓았으므로 경영자뿐만 아니라 모든 구성원에게 필독서로서 추천할 만하다.